"Jentezen Franklin revela a influência estratégica que homens e mulheres sábios e de discernimento podem ter sobre aqueles a sua volta. Permita que *Pessoas Certas, Lugar Certo, Plano Certo* mude a sua perspectiva e fale ao seu coração."

— JOYCE MEYER
Autora de *best-sellers* e Professora da Bíblia

"Jentezen Franklin, neste livro emocionante e transformador de vida, revela como homens e mulheres de discernimento transformam para sempre as vidas das pessoas de seu círculo de influência. Se você ler um livro este ano, que seja *Pessoas Certas, Lugar Certo, Plano Certo.*"

— JOHN HAGEE
Autor de *best-sellers*
Pastor titular, *Cornerstone Church*, Santo Antônio, Texas

"Como um líder, posso dizer que existem poucos tópicos mais difíceis de abordar do que o de discernimento. E tentar ensinar a outros sobre isso é ainda mais angustiante. Porém, em seu livro, *Pessoas Certas, Lugar Certo, Plano Certo*, Jentezen Franklin desvendou a chave que revela este assunto complicado. Seja você um líder na igreja, no mundo dos negócios, na educação, ou em casa, este livro lhe dará o conhecimento prático que você precisa para ouvir a voz de Deus e tirar proveito de todo o seu potencial em cada situação que enfrentar."

— ED YOUNG
Pastor titular, *Fellowship Church*
Autor de *Outrageous, Contagious Joy*

PESSOAS CERTAS
LUGAR CERTO

PLANO CERTO

DISCERNINDO A VOZ DE DEUS

Pessoas Certas Lugar Certo

Plano Certo

Discernindo a Voz de Deus

Jentezen Franklin

LAN
EDITORA

Rio de Janeiro, 2013
www.edilan.com.br

PESSOAS CERTAS, LUGAR CERTO, PLANO CERTO
Discernindo a Voz de Deus
por Jentezen Franklin
Editora Luz às Nações Ltda. © 2013

Coordenação Editorial: Equipe Edilan
Impressão: Sermográfica

Originalmente publicado nos Estados Unidos, sob o título *RIGHT PEOPLE, RIGHT PLACE, RIGHT PLAN*, por Whitaker House, New Kensington, PA, USA. Copyright © 2007 – Jentezen Franklin – USA.

Publicado no Brasil por Editora Luz às Nações Ltda. Rua Rancharia, 62, parte — Itanhangá — Rio de Janeiro, Brasil. CEP: 22753-070 Tel. (21) 2490-2551. 1ª edição brasileira: junho de 2013. Todos os direitos reservados.

Salvo indicação em contrário, todas as citações bíblicas foram extraídas da Bíblia Sagrada Nova Versão Internacional (NVI), Editora Vida, da Almeida Corrigida e Revisada Fiel (ACF), SBB, e da Almeida Atualizada (AA), SBB. As demais versões foram traduzidas livremente do idioma inglês em função da inexistência de tradução no idioma português.

Por favor, note que o estilo editorial da Edilan inicia com letra maiúscula alguns pronomes na Bíblia que se referem ao Pai, ao Filho, e ao Espírito Santo, e pode diferir do estilo editorial de outras editoras. Observe que o nome "satanás" e outros relacionados não iniciam com letra maiúscula. Escolhemos não reconhecê-lo, inclusive ao ponto de violar regras gramaticais.

CIP-BRASIL. CATALOGAÇÃO-NA-FONTE
SINDICATO NACIONAL DOS EDITORES DE LIVROS, RJ

F915p

Franklin, Jentezen, 1962-
Pessoas certas, lugar certo, plano certo : discernindo a voz de Deus / Jentezen Franklin ; organização Philip Murdoch ; [tradução Equipe EDILAN]. - 1. ed. - Rio de Janeiro : Luz às Nações, 2013
187 p. : il. ; 23 cm

Tradução de: Right people, right place, right plan
ISBN 978-85-99858-51-6

1. Discernimento (Teologia). 2. Vida Cristã. 3. Oratória. 4. Processo decisório - Aspectos religiosos - Cristianismo. I. Murdoch, Philip. II. Título

13-01497   CDD: 248.4
                        CDU: 27-584
28/05/2013   28/05/2013

Dedicatória

Este livro é dedicado às seis preciosidades da minha vida:
Minha esposa, Cherise, sem quem eu nada seria;
minhas quatro filhas, Courtney, Caressa,
Caroline, e Connar;
e meu filho, Drake.

Que as lições contidas neste livro sejam uma parte do legado espiritual
que deixo para cada um de vocês.

Agradecimentos

Um obrigado especial para três dos maiores homens de Deus que tenho o privilégio de conhecer: Tommy Tenney, T.F. Tenney, e Steve Munsey. O discipulado deles em minha vida tem sido profundo.

A minha congregação da *FreeChapel*, que tem amado, apoiado, e acreditado em mim por quase duas décadas, eu quero expressar a minha mais sincera gratidão.

Por fim, agradeço especialmente aos meus parceiros de televisão, que tornam possível que eu leve o evangelho a todo o mundo.

Sumário

PARTE I

O Dom
de Discernimento

CAPÍTULO UM

Sua Bússola Interna

*Nem só de pão viverá o homem, mas de toda palavra que
procede da boca do Senhor.*
Deuteronômio 8:3

No meio da China, uma pessoa qualquer repetidamente deixa cair um pedaço de ferro sobre uma folha e assiste-a flutuar sobre a água. Inexplicavelmente, a folha gira até parar na mesma direção todas as vezes. Historiadores e arqueólogos hoje acreditam que foi assim que a bússola, a ferramenta original de navegação, foi descoberta – anos antes de a Bíblia ter sido escrita.

Eles não conheciam o conceito de norte e sul – o alinhamento naturalmente encontrado pelo pedaço metálico – e por milênios ninguém descobriria por que esse solitário fragmento de metal comportava-se assim. No entanto, anos depois, a bússola seria adotada por marinheiros e viajantes necessitados de uma direção precisa para guiá-los ao seu destino final. Antes da bússola, esses navegadores podiam apenas olhar em volta e traçar seu caminho pelas marcações físicas ao seu redor. Eles não faziam ideia de que havia uma força interna – neste caso, o campo magnético da Terra – que influenciava aquele pequeno pedaço de ferro.

No interior de todo crente, comum e fora do comum, há uma bússola – uma força interna – colocada por Deus, esperando ser descoberta e utilizada para a Sua glória. Quando você aprender a usar e confiar nesse recurso valioso, descobrirá que pode navegar melhor pelos mares tempestuosos e os céus nublados da vida.

Com quem devo casar?

O que farei com a minha vida?

Aceito esse emprego?

Devo investir meu dinheiro nessa oportunidade?

Parece que a vida é um ciclo sem fim de decisões que podem alterar toda a direção de nossos destinos. Como seria libertador se tivéssemos acesso a uma bússola interna que ajustaria a direção de nossas vidas para o caminho certo. Sem isso, resta-nos olhar em volta e traçar nosso curso pelas marcações do nosso mundo físico – nossas emoções e intuições, e as vozes daqueles que gostariam de influenciar nossa jornada.

E se pudéssemos aprender a confiar na bússola colocada em nós pelo nosso Criador? E se pudéssemos discernir a voz de Deus em nossas vidas? Deus deseja falar com você basta você aprender a reconhecer a Sua voz. Pelo poder de Seu Espírito Santo, Ele lhe deu tudo de que você precisa para traçar um caminho para sua vida que o levará às pessoas certas, aos lugares certos, e ao plano certo a fim de alcançar a vontade perfeita Dele para sua vida.

A Voz de Deus

Em Gênesis, Deus disse: "Haja", e houve! Os céus, a Terra, o solo, e os mares foram chamados à existência através da voz Dele. Depois lemos: *"Então disse Deus: 'Façamos o homem à Nossa imagem, conforme a Nossa semelhança'"* (Gn1:26). Portanto, o homem foi feito à imagem de Deus, que em seguida colocou Sua vida dentro do homem. *"Então o Senhor Deus formou o homem do pó da terra e soprou em suas narinas o fôlego de vida, e o homem se tornou um ser vivente"* (Gn 2:7). À imagem de Deus, o homem era diferente do restante da criação, pois era um ser com capacidade de escolha. O homem tinha uma voz de escolha quanto ao que fazer com sua vida. Ele foi criado à semelhança de Deus.

O homem demonstrou isso imediatamente ao começar a dar nome aos animais. Assim como seu Criador, ele também falava e chamava as coisas por um nome. O homem não era um deus, mas podia falar como

Deus, e havia uma força divina em sua voz porque Deus havia soprado *em suas narinas o fôlego de vida."* O Senhor soprou Sua voz em Adão.

Mas Adão e Eva não estavam sozinhos no jardim. Satanás rastejou como uma cobra e foi logo trabalhar para causar uma divisão a fim de separar o homem e a mulher da voz de Deus. Observe sua abordagem: *"Ora, a serpente era o mais astuto de todos os animais selvagens que o Senhor Deus tinha feito. E ela perguntou à mulher: 'Foi isto mesmo que Deus disse...?'"* (Gn 3:1). Satanás sabia que se quisesse derrotar a raça humana teria que separá-la da voz de Deus. Você conhece o restante da história. Satanás disse: *"no dia em que dele comerem, seus olhos se abrirão, e vocês serão como Deus"* (Gn 3:5). Algo aqui lhe soa estranho? Que tal o fato de que eles já eram como Deus! Eles haviam sido criados à semelhança de Dele.

Aqui vemos uma prévia da estratégia do inimigo em nossa vida: ele fará o que puder para fazer com que escutemos a sua voz ao invés da voz de Deus. Nada lhe agradaria mais do que sugerir a direção da nossa vida. Ele nos dirá que devemos ser outra pessoa – alguém diferente de quem Deus quer que sejamos. Por que outra razão ele sugeriria à Eva que ela poderia ser *"como Deus"*, deixando implícito que Eva já não havia sido feita à semelhança Dele? Talvez seja por isso que tantas pessoas passam a vida toda tentando impressionar os outros sendo algo que não são. Suas vidas são atormentadas com frustração e arrependimento. Elas não compreendem que Deus as criou a Sua imagem. Você não tem que ser alguém que não é – você já é o que Ele quer.

Após a queda, Deus veio caminhando pelo jardim quando soprava a brisa do dia. O que Adão e Eva fizeram? Eles se esconderam da voz de Deus. A partir daquele momento, o Antigo Testamento se torna uma crônica do relacionamento de amor e ódio da humanidade com a voz de Deus.

Em Êxodo, Deus falou com Moisés através de um arbusto em chamas e, depois, ditou os Dez Mandamentos com direito até a relâmpagos e fumaça. As Escrituras dizem que o povo tremeu

> Você não tem que ser alguém que não é – você já é o que Ele quer.

e disse a Moisés: *"Fala tu mesmo conosco, e ouviremos. Mas que Deus não fale conosco, para que não morramos"* (Êx20:19). Veja como o plano de satanás estava funcionando bem. O homem que antes falava com Deus no jardim agora tinha medo de Sua voz. Satanás havia distorcido de tal forma o relacionamento entre os homens e Deus que eles achavam que a voz Dele iria matá-los. Hoje, o plano de satanás não é diferente. Ele irá convencer você de que ouvir a voz de Deus irá destruir seus relacionamentos, sua carreira, e sua diversão. Ele dirá que a Palavra de Deus irá retirar vida de você.

Com o tempo, as coisas ficaram tão ruins que Deus disse: "Tudo bem, vocês não querem mais ouvir Minha voz? Não querem que Eu fale com vocês? Entendi. Desisto. Não vou mais me meter". Com isso, Sua Palavra parou. As Escrituras cessaram – levando um fim abrupto ao Antigo Testamento.

E, durante quatrocentos anos, a voz de Deus ficou em silêncio.

Finalmente, esse silêncio foi quebrado pela *"voz do que clama no deserto"* (Mt 3:3). O livro de João não deixa dúvidas de que Deus estava pronto para falar novamente: *"No princípio era Aquele que é a Palavra. Ele estava com Deus, e era Deus... Aquele que é a Palavra tornou-se carne e viveu entre nós"* (Jo 1:1, 14). Deus havia interrompido o silêncio, e agora Sua voz tinha carne e ossos.

Quando Jesus iniciou Seu ministério sendo batizado no Rio Jordão, foi a voz de Deus que O confirmou como Seu Filho: *"Então uma voz dos céus disse: 'Este é o meu Filho amado, em quem Me agrado'"* (Mt 3:17).

Você consegue imaginar os demônios tremendo? A voz que estava no jardim, a voz que caminhava *"quandosoprava a brisa do dia"* (Gn 3:8), aquela voz estava de volta no planeta falando às vidas se Sua amada criação. A Palavra de Deus estava de volta para mostrar Seu poder. Jesus falou a uma tempestade e ela parou. Jesus falou a Lázaro e ele saiu de seu túmulo. Jesus falou a uma figueira e ela secou. Quando Seus seguidores expressaram espanto na morte daquela árvore, Jesus lhes informou, *"Eu lhes asseguro que, se vocês tiverem fé e não duvidarem, poderão fazer não somente o que foi feito à figueira, mas também dizer a este monte: 'Levante-se e atire-se no mar',* *e assim será feito"* (Mt 21:21).

Era oficial. A voz de Deus não só estava ativa novamente, mas também estava livre para agir através e nas vidas daqueles que O chamassem. Deus não havia terminado de trabalhar através das vidas de Seu povo. Na verdade, Ele estava apenas começando.

A Voz de Deus na Sua Vida

Como descobrir aquela direção interna e especial que Deus deu de modo único a você? Qual é o plano de Deus para sua vida? Hoje em dia, muitas mulheres não se sentem nada especiais enquanto tentam cumprir as exigências de sempre da carreira, da igreja, e da família. Elas se sentem deixadas de lado, estressadas, e esgotadas. Muitos homens hoje se sentem confusos enquanto o mundo tenta feminizá-los, e depois espera que sejam "homens de verdade" ao satisfazerem todos e quaisquer desejos que tiverem. Eles se sentem marginalizados, desmasculinizados, e sob ataque.

Deus vê você como alguém extraordinário, e deseja usá-lo de formas extraordinárias. Ele está à procura de homens e mulheres que ousam acreditar que podem fazer a diferença. Hoje, o corpo de Cristo (a igreja) deve abrir seus ouvidos espirituais para ouvir e reconhecer a voz do Todo Poderoso. Será que Deus quer usar você como um jogador chave em Seu reino nesses últimos dias?

Eu tinha seis anos de idade, estava tomando banho com os meus bonecos do G.I. Joe, quando comecei a cantar a música de Bill Gaither, "O Rei Está Voltando." Minha mãe, que estava me escutando, entrou no banheiro e disse: "Jentezen, os músicos da nossa igreja não estarão na cidade amanhã e seu pai pediu que eu cuide da parte musical. Eu já tenho tudo preparado, menos a música para o momento da oferta. Você poderia cantar essa música amanhã na oferta?" Ela continuou insistindo, sem aceitar não como resposta.

"Só cantarei se você me pagar vinte dólares", eu finalmente disse.

"Fechado!"

Minha mãe leu nas entrelinhas, sentindo algo acerca do destino de seu filho através de seu discernimento espiritual. Porém, nenhum de nós dois sabia que cantar aquela canção no dia seguinte me lançaria em meu ministério.

Acredite ou não, eu ainda me lembro daquele dia. Lágrimas desciam enquanto a congregação era tocada. Um toque suave de Deus veio sobre a minha vida. Mais tarde, comecei a cantar no coral e tocar bateria, saxofone, e piano, o que me levou a aceitar o chamado de pregar.

Atualmente, pastoreio uma igreja maravilhosa de milhares de pessoas, e alcanço milhões através da televisão. Mas tudo isso foi desencadeado pelo incrível discernimento da minha mãe.

Existem coisas que sabemos que não podemos explicar. Primeira João 2:20 diz: *"Mas vocês têm uma unção que procede do Santo, e todos vocês têm conhecimento"*. Todo crente possui uma unção, um toque especial de Deus, que lhe dá um discernimento fora do comum. Através do Espírito Santo, de quem fluem todos os dons, graças, e conhecimento superior de Deus, temos a informação secreta de qual é a vontade de Deus.

> Todo crente possui uma unção, um toque especial de Deus, que lhe dá discernimento.

Deus deu a cada crente comum um dom extraordinário. Ele deu a você uma bússola interna para direcionar e discernir coisas acerca de seus filhos, seu cônjuge, sua família, sua carreira, e suas finanças.

Esse discernimento não vem da sabedoria humana; vem de Deus. Nos próximos capítulos, você aprenderá a:

- ativar a voz do Espírito Santo.
- confiar na sua voz interna de discernimento.
- aplicar o discernimento no dia a dia.
- fazer uma diferença profunda na vida de seus amados sendo apenas você mesmo.

Como verá em breve, essa será a lição de vida mais importante que você já experimentou ao cumprir sua missão de se tornar o homem ou a mulher que Deus o criou para ser.

CAPÍTULO DOIS

Sensível ao Real: Discernindo a Voz de Deus

Deus fez isso para que os homens O buscassem e talvez,
tateando, pudessem encontrá-Lo, embora não esteja longe
de cada um de nós.
Atos 17:27

Você já esteve lendo um livro em casa perto de uma lâmpada quando uma pequena mariposa passou por você voando rapidamente? Você quase não a notou; é um inseto bem pequeno.

Sabia que há somente uma vez na Bíblia em que Deus é comparado a uma pequena mariposa, uma traça? O profeta Oséias pastoreava o povo de Deus durante uma das eras mais prósperas de Israel. Com o passar do tempo, em meio a toda sua prosperidade, Israel começou a decair, e Oséias lhes avisou: *"Sou* [Deus] *como uma traça para Efraim"* (Os 5:12). Mas apenas dois versículos depois, ele diz: *"Pois serei como um leão para Efraim"* (Os 5:14). A profecia de Oséias para Israel revela um grande conceito sobre discernimento. Mostra como Deus fala ao Seu povo.

Se você for receptivo e obediente à voz do Espírito Santo quando Deus quiser guiar você, Ele nunca o atingirá com nada mais forte do que uma traça. Entretanto, se for insensível e resistente a Sua voz, Ele virá até você como um leão. Deus é tão gentil. A primeira escolha Dele ao chamar sua atenção é gentilmente cutucar você na direção certa. Ele não quer rugir para ser ouvido. Você pode até não perceber se, ao abrir seu armário, uma traça sair voando. Mas se você fosse recebido pelo rugido de um leão, isso provavelmente chamaria sua atenção.

É algo lindo ser gentilmente guiado pelo Espírito Santo. Leve como uma traça, Deus está tentando direcioná-lo e mostrar-lhe Seu caminho; Sua preferência é não recorrer ao leão para levar você à direção certa – mas Ele irá fazê-lo. *"Então voltarei ao Meu lugar até que eles admitam sua culpa. E eles buscarão a Minha face; em sua necessidade eles Me buscarão ansiosamente"* (Os 5:15).

Quando não seguimos as direções gentis da Palavra de Deus e do Espírito Santo, tornamo-nos insensíveis a Sua presença. Pessoas insensíveis esperam até que o leão venha antes de crer que Deus lhes está dizendo alguma coisa. Alguns dizem: "Bem, se Deus não quer que eu faça isso, então Ele precisa enviar algo para me fazer parar." Mais uma vez, o desejo de Deus é usar a direção gentil do Espírito Santo (a traça), mas se permanecermos teimosos ou insensíveis a isso, Ele chamará nossa atenção de uma forma ou de outra (o leão).

Um exemplo drástico dessa abordagem traça/leão é encontrada em 2 Samuel. O filho rebelde do Rei Davi, Absalão, mandou chamar Joabe a fim de enviar através dele uma mensagem para seu pai. Mas Joabe não apareceu. Absalão mandou chamá-lo pela segunda vez, mas Joabe não obedeceu novamente. Por fim, ele enviou seus servos para incendiar as plantações de cevada de Joabe. Com seus campos em chamas, Joabe foi correndo até Absalão e perguntou: *"Por que os seus servos puseram fogo na minha propriedade?"* Absalão respondeu, dizendo efetivamente: "Mandei chamá-lo uma vez, depois mandei chamá-lo pela segunda vez, e mesmo assim você não veio. Então, incendiei suas plantações de cevada como um último recurso para conseguir sua atenção" (ver 2 Samuel 14:29-31).

Sensível à Voz de Deus

Agora você provavelmente está se perguntando, *Como eu ativo esse discernimento na minha vida? Como eu reconheço os sussurros proféticos de Deus?*

Certa vez, ouvi sobre um funcionário do Tesouro Americano que tinha a função de identificar notas de dólar falsificadas. Ele disse: "O segredo para identificar uma nota falsa é passar horas e horas manuseando as verdadeiras". Em outras palavras, é preciso ser "sensível ao real" a fim de identificar o falso.

Ao passar tempo com Deus orando e estudando Sua Palavra, você passará a desenvolver uma sensibilidade à voz de Deus. Começará a reconhecer instantaneamente quando algo não parecer certo em seu espírito.

Em Gênesis 27, Isaque poderia ter evitado ser enganado se tivesse sido "sensível ao real". Jacó, o filho mais novo de Isaque, queria a bênção que pertencia ao seu irmão mais velho, Esaú. A fim de consegui-la, Jacó tinha que convencer seu pai a declarar a bênção sobre ele. Então, a mãe de Jacó, Rebeca, bolouum plano brilhante para enganar o velho Isaque, cuja visão estava começando a falhar. Jacó imitou a voz de Esaú e cobriu seus braços com peles de cabrito a fim de se passar por seu irmão mais velho e mais peludo. Ao fingir que era Esaú, Jacó enganou seu pai e obteve a bênção que era tradicionalmente reservada para o primogênito (ver Gênesis 27:22). Um pouco suspeito com sua voz que soava estranho, Isaque tocou o braço de Jacó para assegurar-se de que aquele era de fato Esaú. Repare que ele poderia ter discernido a fraude se tivesse confiado em seus ouvidos. Devemos ter cuidado porque muitas vezes a voz do erro pode soar quase idêntica à voz da verdade.

Temos que aprender a confiar em nossos ouvidos espirituais. Jesus disse: *"suas ovelhas... o seguem, porque conhecem a sua voz"* (Jo 10:4). Isaque sabia que algo não estava certo quando ouviu a voz de Jacó. Ele tocou no braço de Jacó e foi enganado porque o braço era muito peludo. Mas a verdade espiritual não pode ser necessariamente julgada pelas circunstâncias exteriores. Apesar de Isaque ser velho o bastante para reconhecer o engano, precisamos entender que nunca somos velhos demais para

> Temos que aprender a confiar em nossos ouvidos espirituais. É comum as pessoas confundirem a voz de Deus com outras vozes.

sermos enganados. Nunca chegaremos à posição em que não temos que sintonizarnossa sensibilidade espiritual. Precisamos manejar a Palavra de Deus o suficiente para distinguir a verdade da mentira.

É comum as pessoas confundirem a voz de Deus com outras vozes. O dom de discernimento separa as vozes falsas da verdadeira Sentimos simplesmente que algumas coisas não estão certas. Isso não significa necessariamente que Deus não está falando com você, mas se existe dúvida em seu espírito, você deveria esperar até que Deus lhe dê o sinal verde e confirme seus sentimentos antes de proceder.

Se você sente que algo não está certo, pode ser que não esteja de acordo com o tempo de Deus. O filho pródigo teria recebido sua herança sem experimentar nenhuma tristeza se tivesse esperado pelo tempo de seu pai. Atos 17:27 diz: *"Deus fez isso para que os homens O buscassem e talvez, tateando, pudessem encontrá-Lo, embora não esteja longe de cada um de nós"*. Assim como o funcionário do Tesouro Americano, podemos ter familiaridade com a voz de Deus a ponto de sermos capazes de reconhecer imediatamente a falsa voz de satanás quando a ouvirmos.

Enganados pelo Falso

Você já pensou que ouviu Deus lhe dizer algo, e depois descobriu que o que ouviu não veio de Deus? Até que aprenda a discernir a voz de Deus com precisão, você certamentecometerá alguns erros.

Não muito tempo atrás, euaprendi uma lição de humildade nessa área. Minha esposa e eu havíamos saído à noite. Havíamos deixado as crianças em casa com instruções explícitassobre o que era permitido e o que não era. Como era época de Natal e havia muitas velas pela casa, uma das instruções era não brincar com fósforos. Fomos muito claros: nada de acender velas.

Quando chegamos em casa após nossa saída à noite, ficamos chocados ao descobrir que algumas das velas tinham sido acesas. Percebemos isso porque os culpados haviam deixado uma trilha de cera derretida no piso de madeira. Eu rapidamente chamei as crianças para um interrogatório.

"Quem acendeu essas velas?", eu perguntei.

Todos negaram. Expliquei que, se confessassem, o castigo seria menos severo. Mesmo assim, ninguém admitiu. Então fui pela lista de nomes, um por um. "Você fez isso?" Todas as cinco crianças negaram qualquer envolvimento. Minha esposa e eu sabíamos que um de nossos filhos não estava falando a verdade. Perguntamos repetidamente, mas ninguém confessou. Estávamos começando a ficar nervosos, não tanto pelas velas, mas porque sabíamos que um deles estava mentindo descaradamente.

O clima ficava mais tenso a cada minuto. Avisamos às crianças sobre os perigos de mentir, e preguei todos os sermões que eu conhecia sobre o assunto. Quando finalmente cheguei ao fim da minha pequena palestra, todos eles estavam pendurados por um fio sobre as ardentes chamas do inferno! Repetidamente, eu avisei: "Essa é a última chance de vocês. Quem fez isso?"

Para o nosso espanto, apenas o silêncio encheu a sala. Mas não havíamos terminado. Nossa próxima tática era separar as crianças, esperando que uma delas cedesse e delatasse o culpado.

Após conversar com cada uma das crianças, pareceu-nos que a nossa filha mais velha estava escondendo a verdade. Nós fechamos o cerco como dois detetives durões. Bombardeamos nossa filha com uma pergunta após a outra, tentando obter uma confissão, ou pelo menos destruir sua história fajuta.

Apesar de sua história permanecer a mesma, percebi que a máscara de culpa em seu rosto também permaneceu. Eu estava convencido de que ela estava mentindo para mim. Por fim, obtivemos a pista que estávamos procurando quando sua irmã Caroline entrou na sala. Ela disse: "Admite logo, Courteney. Eu não vi você acendendo a vela, mas vi você assistindo à televisão naquela sala e tocando na vela".

Finalmente, uma testemunha ocular! Para nosso espanto, ela continuou negando. Por fim, sendo o pai sabichão, eu proferi minha sentença: "Courteney, você não precisa mais confessar. Eu sinto em meu espírito que você fez isso. Sinto como se Deus tivesse me revelado que foi você".

Dei palmadas nela e mandei-a para o quarto. Antes de ela sair, eu lhe avisei: "Courteney, você não pode enganar o Espírito Santo. Você pode enganar seus pais, professores, e outras autoridades, mas não pode enganar a Deus. Ele sempre sabe a verdade".

Caroline veio até nós uma hora mais tarde em lágrimas. Ela admitiu: "Fui eu. Sinto muito. Eu não queria problemas para mim. Fui eu!"

A família inteira se reuniu para me lembrar de que eu havia acabado de castigar uma criança inocente e, ainda pior, que eu havia feito aquilo porque senti que Deus estava me dizendo que ela era a culpada.

"Pensei que você havia sentido em seu espírito, pai", um deles disse. Do outro lado da sala, veio uma acusação: "É, pai, Deus falou para você castigar a criança errada, certo?"

Eu pedi desculpas a minha filha. Eu senti muito por tê-la julgado mal, e disse que a disciplina contaria como crédito para ela no futuro. Eu tinha razoável certeza de que ela precisaria disso algum dia. Quanto a Caroline, vamos dizer que a consciência dela se sentiu melhor, mas seu bumbum não. Ao longo dos anos, esse incidente se tornou uma das piadas da família da qual ainda rimos hoje em dia. Mas ele serve como lembrete de que discernir a voz de Deus pode requer algumas tentativas e erros.

A PESSOA INTERIOR

Há tantas vozes no mundo. Existe a voz de Deus, a voz do diabo, as vozes das pessoas, e sua própria voz interior. Como você discerne entre a voz de Deus e todas as outras? Como você sabe a diferença entre uma palavra do Senhor e um frio na barriga?

A Bíblia nos diz: *"Deus não é Deus de desordem"* (1Co 14:33). No Antigo Testamento era fácil. Quando Deus queria que os israelitas seguissem determinada direção, Ele simplesmente movia a nuvem que os guiava. Quando a nuvem se movia, eles se moviam. Quando a nuvem parava, eles paravam (ver Números 9:21-22).

Hoje, isso é um pouco mais complexo. A nuvem do Antigo Testamento se moveu para dentro de nós. *"O espírito do homem é a lâmpada do*

Senhor, a qual esquadrinha todo o mais íntimo do coração" (Pv 20:27, AA). A maneira como Deus fala conosco e nos guia é através de nosso espírito. Temos que estar atentos ao nosso espírito a fim de ouvir a voz de Deus e receber Sua direção. Primeira Tessalonicenses 5:23 diz: *"Que o próprio Deus da paz os santifique inteiramente. Que todo o espírito, alma e corpo de vocês sejam preservados irrepreensíveis na vinda de nosso Senhor Jesus Cristo".* Nós somos um espírito, vivendo num corpo, e possuímos uma alma, que é nossa mente, vontade, e emoções.

No Antigo Testamento, Deus habitava num templo que tinha um pátio externo, um pátio interno, e um Santo dos Santos. Porém, sob a nova aliança, Ele tem um povo para ser Seu templo. Nosso corpo é o pátio externo, nossa alma – ou mente – é o pátio interno, e nosso espírito é o santo dos santos. Deus agora habita numa casa de três quartos: corpo, alma, e espírito.

> Deus nos guia, não através da nossa mente carnal ou da nossa carne, mas através do nosso espírito.

Quando o Senhor nos guia, Ele não faz isso através da nossa mente carnal ou da nossa carne, mas através do nosso espírito. Quando nascemos de novo, nosso espírito também renasce. Efésios 3:16 diz: *"Oro para que, com as Suas gloriosas riquezas, Ele os fortaleça no íntimo do seu ser com poder, por meio do Seu Espírito".*

Primeira Pedro 3 fala do homem oculto do coração: *"Ao contrário, esteja no ser interior, que não perece, beleza demonstrada num espírito dócil e tranquilo, o que é de grande valor para Deus"* (versículo 4). Portanto, nós possuímos esse seroculto dentro de nós. É nosso espírito eterno. Já que nosso espírito interno nasceu de novo, ele está mais precisamente sintonizado com o Espírito de Deus do que a nossa carne. Não podemos fazer com que nosso ser interior goste do pecado. Se começarmos a fazer algo errado, nossa voz interior irá dizer: "Ei, o que você está fazendo? Eu não gosto disso".

Antes de você nascer de novo, não lhe incomodava fazer certas coisas; mas agora que nasceu de novo, Deus está residindo em seu ser interior e quer torná-lo como Jesus. Seu espírito se conecta com Deus e tem uma voz, e você precisa começar a ouvir porque seu sucesso depende não de ser guiado pela sua mente, pelas suas emoções, ou pela sua carne, mas pelo seu espírito.

Deus colocou alguns indicadores – quase como um sistema de alarme espiritual – em nosso espírito. Aqui estão cinco indicadores que você precisa reconhecer a fim de discernir a voz de Deus.

1. Seu espírito pode ser comovido.

Em Atos nós lemos: *"E, enquanto Paulo os esperava em Atenas, o seu espírito se comovia em si mesmo, vendo a cidade tão entregue à idolatria"* (At 17:16, ACF). Note que não foi necessariamente Paulo que ficou comovido e incomodado, mas seu espírito.

Deus já comoveu você sobre alguma coisa ou alguém? Talvez seja um amigo que você não tem visto ultimamente ou alguém em quem não tem pensado há muito tempo, mas Deus começa a colocar a pessoa em seu coração. Às vezes, é a voz do Senhor falando ao seu espírito, encorajando-o a se reconectar com aquela pessoa porque Ele precisa de você para ministrar a ela. Similarmente, Ele pode usar essas inquietaçõespara lhe mostrar um lugar aonde ir, uma tarefa para cumprir, ou um chamado para sua vida.

2. Você pode ser guiado pelo seu espírito.

Romanos diz: *"Todos os que são guiados pelo Espírito de Deus são filhos de Deus"* (Rm 8:14). Algumas vezes, Deus dará *direções* ao seu espírito. Quando o seu espírito é guiado, o Espírito Santo está encorajando você a fazer algo. Quando estamos atentos ao Espírito, Deus pode nos usar para fazer grandes coisas, seja compartilhar o Evangelho com um ouvinte receptivo ou enviar 20 dólares para alguém que sentimos que possa estar precisando.

3. Seu Espírito pode ter propósito.

Retornando a Atos, lemos: *"Cumpridas estas coisas, Paulo propôs, em seu espírito, ir a Jerusalém, passando pela Macedônia e pela Acaia"* (At 19:21,

AA). Paulo propôs não em sua mente ou em sua carne, mas *"em seu espírito"*. João 4:24 diz: *"Deus é Espírito, e importa que os que O adoram O adorem em espírito e em verdade"*. Nós nos conectamos com o Espírito de Deus diretamente através de nosso espírito, não através da carne, nem da alma, nem da mente. Portanto, se formos fazer o que Deus quer que façamos, devemos decidir em nosso espírito, não em nossa mente ou emoções. Se eu decidir em minha carne adorar a Deus, então não adorarei muito. Se eu decidir em minha carne ir à igreja, então não irei muito frequentemente. Entretanto, quando decido em meu espírito adorar a Deus, ele tira o meu corpo relutante da cama e foca minha mente rebeldeem Deus quando eu chegar à igreja.

Quando começamos a construir nosso novo templo de adoração, decidi em meu espírito que iríamos construí-lo. Geralmente, há um tempo de angústia divina antes que haja uma mudança divina. Eu me lembro de sentir uma urgência acerca do programa de construção. Comecei a receber confirmação na Palavra e um mover em meu espírito de que Deus estava dizendo: "Agora é o tempo de construir".

Algumas pessoas disseram que não poderíamos fazer aquilo; no entanto, quando o propósito chega ao nosso espírito, todas as coisas são possíveis. Nosso espírito está conectado ao Espírito de Deus. Não podemos deixar nossa carne ou nossa mente nos dizer o que iremos fazer. Devemos determinar em nosso espírito obedecer à voz de Deus e fazer o que Ele nos chamou para fazer.

4. Você pode ser compelido pelo seu espírito.

Atos 20:22 declara: *"Agora, compelido pelo Espírito, estou indo para Jerusalém, sem saber o que me acontecerá ali"*. O espírito de Paulo estava ligado à Jerusalém. Ele não sabia se seria bem recebido ou rejeitado – isso não importava. Quando Deus quer colocar você em algum lugar, Ele liga você pelo seu espírito àquele lugar.

Eu estou ligado pelo espírito à igreja que pastoreio; estou ligado pelo espírito a minha esposa. Quando Deus nos liga pelo espírito, é muito difícil partir porque nosso espírito está amarrado àquele lugar ou àquela pessoa. Nunca deixe que sua mente ou suas emoções façam com que você se afaste de algo ao qual Deus o liga pelo espírito. Perseverar e não desista. Não desista, pois você pode perder o plano poderoso de Deus.

Não vá simplesmente a qualquer igreja; deixe Deus ligar você pelo espírito a algum lugar. Lugares importam – Deus criou os lugares antes de criar as pessoas. Ele criou especificamente o jardim do Éden para Adão e Eva e os colocou ali (ver Gênesis 2:7-8).Muitas pessoas se frustram no lugar onde estão;pode ser que estejam no lugar errado. Permita que Deus ligue você pelo espírito ao lugar certo, às pessoas certas, e ao plano certo para a sua vida.

5. *Seu espírito pode lhe dar paz sobre a direção certa.*

Segunda Coríntios 2:12-13 diz: *"Quando cheguei a Trôade para pregar o evangelho de Cristo e vi que o Senhor me havia aberto uma porta, ainda assim, não tive sossego em meu espírito"*. Só porque uma porta está aberta não significa que você deve entrar por ela. Aqui é onde você precisa da direção do Espírito Santo. Você compreende que se Paulo tivesse continuado a seguir no caminho em que estava, em direção à Ásia, ele talvez nunca tivesse ido à Macedônia e a Roma? Dessa forma, a Europa, os Estados Unidos, e o Ocidente não teriam recebido o Evangelho quando receberam e poderiam inclusive ter permanecido pagãos.

A porta estava aberta, mas Paulo disse: *"não tive sossego em meu espírito"*. Às vezes, determinar a vontade de Deus é simples assim: se você não tiver sossego em seu espírito, não faça. A falta de paz divina em seu espírito geralmente é a maneira de Deus de dizer não.

Se você não tiver paz em seu espírito sobre um relacionamento ou uma grande decisão que está prestes a tomar, então eu encorajo você a se-parar um tempo para orar. *"Aquele que confia jamais será abalado"* (Is 28:16). Tenho aprendido que Deus está sempre certo. Se eu seguir Seu encoraja-mento, Ele nunca me levará pelo caminho errado. Lembre-se, Deus pro-meteu dar sabedoria aos Seus filhos se eles a buscarem (ver Tiago 1:5). O desejo Dele é que ouçamos Sua voz.

CAPÍTULO TRÊS

O Sim de Deus: Discernindo a Vontade Dele

Reconheça o Senhor em todos os seus caminhos,
e Ele endireitará as suas veredas.
Provérbios 3:6

Essa é a vontade de Deus ou não?

Essa é uma pergunta que você terá de confrontar em mais de uma ocasião na sua vida. Assim como podemos desenvolver ouvidos para reconhecer a voz de Deus, o discernimento para saber a vontade de Deus também está disponível para o crente. Eu chamo isso de "o sim de Deus", quando sentimos um sim divino em nosso interior acerca de alguma coisa.

Em Números 22, Balaque tentou subornar Balaão, o profeta, para amaldiçoar os israelitas. Balaão perguntou a Deus se deveria fazer aquilo. Quando Deus lhe disse não, Balaque tentou Balaão com mais dinheiro. Um conselho: nunca aja simplesmente por mais dinheiro. Balaão foi orar novamente e pela segunda vez pediu ao Senhor que o deixasse amaldiçoar Israel. Não importa a quantidade de dinheiro que estivesse envolvida, Deus não mudaria de ideia.

Balaão, que com certeza poderia ter tirado proveito daquele dinheiro, estava tentando convencer Deus a fazer sua vontade ao invés de fazer a vontade de Deus. Isso me faz lembrar de quantas pessoas tomam decisões que não são acompanhadas pelo sim do Senhor. Elas tentam conseguir que

Deus abençoe decisões ou relacionamentos quando Deus já disse: "Não, eu não creio que essa escolha seja boa para você. Eu tenho algo ou alguém melhor para você". Assim como Balaão, nós às vezes voltamos a Deus, tentando fazê-Lo mudar de ideia. Porém, Deus deixou claro: *"Eu, o Senhor, não mudo"* (Ml 3:6). Se Ele não muda, adivinha *quem é* que terá de mudar?

Muitas vezes, deixamos de perguntar a Deus o que Ele sente acerca de nossos relacionamentos, investimentos financeiros, e das grandes decisões que tomamos. Certa vez, eu quis comprar uma casa num ótimo condomínio. Eu já podia ver nossa família vivendo ali, mas quando orei sobre a casa, parecia que o telefone do Céu estava fora de área. Apesar de dizer a Deus como aquela casa seria uma excelente compra, e como seria um ótimo investimento para nós, eu não conseguia receber o sim Dele para comprá-la. Devo adicionar também que minha esposa estava do lado de Deus e também não achava que aquela era a casa certa para nós.

Continuei dia a após dia pedindo a Deus em oração por paz para comprar a casa, mas não conseguia senti-la. Desapontado, desisti de comprar a casa. Alguns meses depois, soube que ela precisava de reformas muito significativas. Se eu não tivesse ouvido as vozes de Deus e da minha esposa, aquela casa teria me custado dezenas de milhares de dólares.

Provérbios 3:6 diz: *"Reconheça o Senhor em todos os seus caminhos, e Ele endireitará as suas veredas"*. Sua parte é reconhecê-Lo; a parte Dele é direcionar seu caminho. Talvez você queira muito comprar aquele carro novo ou aquela casa nova, mas ore sobre isso antes e espere pelo sim de Deus. Aqui está uma pergunta difícil para fazer a si mesmo quando levar uma decisão diante de Deus: *você está disposto a ouvi-Lo dizer não?*

Balaão continuou pedindo a Deus repetidamente para deixá-lo ir, até que Deus disse, em outras palavras: "Tudo bem, se você quer ir, então vá." Isso me faz lembrar do meu filho de sete anos de idade: "Papai, posso ir lá fora brincar?" Eu digo: "Não, está frio lá fora; você não pode ir". Cinco minutos depois, ele volta, implorando: "Papai, papai, posso ir agora? Posso? Hein? Por favor, por favor, papai". Chega ao ponto em que eu me canso de tantos pedidos que acabo dizendo irritado: "Se você quer tanto ir, então vá." Na realidade, não estou dando minha permissão; o que estou realmente fazendo é dizer, "Eu te desafio." Eu sei que se ele sair de casa com o mal tempo ele sofrerá as consequências. Ele provavelmente pegará um resfriado.

> Se você persistir sem o sim de Deus, Ele pode deixar você conseguir o que deseja, mas haverá consequências.

Da mesma forma, Deus disse a Balaão: "Se você quer ir, se você insiste em passar por cima da Minha vontade, então vá". Aqui vai uma verdade alarmante: chegará um momento em que, se você continuar persistindo com teimosia sobre alguma coisa que não tem o sim de Deus, Ele pode simplesmente deixar você conseguir o que deseja, mas haverá consequências. Isso sempre levará você por uma estrada penosa

Balaão partiu em sua mula para amaldiçoar Israel, mas o Senhor colocou um anjo em seu caminho para impedi-lo. A mula viu o anjo no meio do caminho, mas o profeta não. Às vezes, não podemos ver o que deveríamos, mas Deus é gracioso o bastante para nos cercar com aqueles que podem, até que possamos enxergar sozinhos. Você já esteve tão fora da vontade de Deus, tão cabeça dura, que ninguém podia argumentar com você? A mula era amiga de Balaão, mas ele bateu no animal sem misericórdia porque ela não continuaria o apoiando a ir contra a vontade de Deus. Em seguida, Deus abriu sobrenaturalmente a boca da mula e permitiu que ela falasse com Balaão.

Aquela deve ter sido a conversa mais estranha do mundo. Você pode imaginar essas duas mulas falando uma com a outra? Uma delas era uma mula de quatro pernas, e a outra era uma mula de duas pernas. O mais estranho era que a mula de quatro pernas era mais esperta do que a de duas.

Balaão continuou a chutar e bater na mula. Na realidade, ele deveria estar beijando-a porque ela estava tentando salvar a vida dele. Quando estamos em teimosia e fora da vontade de Deus, às vezes chutamos e maltratamos os bem-intencionados. Jovens chutam seus pais e abraçam amizades destrutivas. Maridos e esposas maltratam seus cônjuges enquanto abraçam relacionamentos destrutivos e que trazem discórdia.

Mais tarde, Balaão entendeu por que a mula estava tentando fazê-lo voltar. Quando você segue numa direção que não tem o sim de Deus, mais cedo ou mais tarde, verá que o caminho Dele era o caminho certo. Você deve imediatamente dar meia volta engolir o orgulho, e agradecer a todas as pessoas que tiveram a coragem de lhe dizer a verdade. Mesmo quando você estava cego pela cobiça ou pelo egoísmo, Deus foi fiel para colocar pessoas em seu caminho que tentaram impedi-lo de cair daquele penhasco.

Eu não quero ser como Balaão, um tolo montado numa mula a caminho da destruição. Se eu estiver prestes a arruinar minha vida, quero que Deus me faça parar. Quando esperamos pelo sim de Deus antes de agir, é como um sistema de alerta antecipado que detecta as minas e os mísseis do inimigo antes que sejam visíveis ao olho natural. Em anos de experiência, tenho aprendido a considerar os alertas de Deus. Todas as vezes que eu os ignorei como sendo meramente um caso de indigestão ou uma mera coincidência, eu me arrependi depois. Quando você estiver prestes a tomar uma decisão importante e sentir um "freio em seu espírito", ou sentir que algo está errado, é melhor prestar atenção ao alerta e esperar pelo sim de Deus.

Quando tivermos a aprovação de Deus em nossas decisões, Ele providenciará tudo que precisamos para fazer Sua vontade. Não pergunte quanto custa; pergunte se Deus quer aquilo feito. Se for da vontade Dele, então a conta é Dele! Onde Ele guia, Ele também provê. O que o Senhor começar, Ele orquestrará. João 10:14 diz: *"Conheço as Minhas ovelhas; e elas Me conhecem."* As ovelhas reconhecem e seguem a voz familiar de seu Pastor. Elas se recusam a seguir a voz de um estranho.

Como as ovelhas conhecem a voz do Pastor? Através da comunhão diária com Ele. Nós devemos cultivar a capacidade de discernir a voz do Espírito Santo. Quando nosso relacionamento é distante, Sua voz parece baixa. No entanto, Deus sempre nos ouvirá quando O chamarmos, não importa para quão longe temos nos desviado. Eu conheço a voz dos meus filhos. Posso estar num shopping lotado e ouvir outras vozes a minha volta, mas quando ouço um dos meus filhos dizer "Papai", mesmo em meio à confusão, eu reconheço aquela voz instantaneamente.

CORRER NA FRENTE OU SER GUIADO

O problema é que não passamos tempo suficiente com Deus para reconhecer Sua voz quando Ele fala. Não podemos criar uma família com sucesso sem que a voz do Senhor nos guie em sabedoria. Não podemos dirigir um negócio cristão sem a voz de Deus nos dando direção. Existe uma grande diferença entre ser guiado e correr na frente. Quando não O ouvimos, acabamos correndo em alta velocidade, confusos e improdutivos, sempre empurrando e forçando a direção.

Você está correndo na frente ou sendo guiado? Seu espírito quer guiar você; sua carne quer correr na frente como uma criança solta no parquinho. A carne floresce no barulho, na atividade, na competição, e na agitação; o espírito floresce no silêncio, na quietude, na solitude, e na Palavra. *"Aquietai-vos, e sabei que eu sou Deus"* (Sl 46:10, ACF).

Alguns anos atrás participei de uma viagem missionária à Ucrânia, onde nossa igreja sustenta um orfanato em Kiev. Enquanto eu passeava pelo orfanato, notei uma pequena e linda menina de oito anos de idade. Ela grudou em mim como uma cola. Toda vez que eu pregava na cidade em diferentes igrejas, se ela estivesse lá, vinha e me dava um abraço. Ela verdadeiramente ganhou meu coração.

Voltei para casa e contei a minha esposa sobre a menina. Mostrei as fotos dela e, após muita oração e busca da vontade de Deus, decidimos tentar adotar a criança. Fomos informados de que seria um processo relativamente rápido e fácil. Nada poderia ter sido mais distante da verdade.

> A carne floresce no barulho e na agitação; o espírito floresce no silêncio e na Palavra.

Fizemos muitas tentativas de conseguir a adoção, inclusive viagens à Ucrânia onde nos reunimos com oficiais do governo. Aproveitamos todos os contatos que tínhamos naquele país, assim como contatos nos Estados Unidos, mas sem êxito. Nada que fizemos nos deixava mais perto de conseguir a adoção. Após dois anos e meio de altos e baixos em nossa gangorra emocional, finalmente compreendemos que estávamos correndo na frente em nosso próprio desejo ao invés de sermos guiados pelo Espírito de Deus. Foi uma das épocas mais dolorosas da história da nossa família.

Quando tentamos forçar que as coisas aconteçam é quase sempre um sinal de que estamos correndo na frente, e não sendo guiados. Como Salmos 23:2 nos lembra: *"Ele ...me conduz a águas tranquilas"*. Todo o tempo em que estávamos tentando adotar a garotinha, não tínhamos águas calmas e tranquilas em nosso lar. Nós tínhamos desordem e confusão. Talvez nunca entenderemos tudo o que aconteceu durante aquela época de nossas vidas, mas compreendemos que ser guiado por Deus traz paz, enquanto correr na frente baseado em nossa própria vontade esgota todos os nossos recursos.

A Palavra de Deus

Jesus passava muito tempo sozinho com Deus. Se isso era tão importante para o Filho de Deus, com certeza também há momentos em que devemos ficar sozinhos com Ele. Um dos meus cantores e músicos favoritos é Jason Upton. A música dele é uma das mais inspiradoras que eu já ouvi. Ele e sua banda vão a um monastério todo ano para passar três ou quatro dias buscando ao Senhor. Durante esses dias, eles jejuam o falar – nenhum som, nenhuma música, nenhum barulho sequer. No silêncio, Deus começa a falar. O Espírito, como se sabe, floresce na solidão. A voz de Deus não grita; é uma voz calma e suave. A fim de ouvi-Lo, você deve aprender a ficar quieto em Sua presença. Você não aprenderá nada enquanto estiver falando.

Muitos dirão que escutar a voz de Deus é difícil demais. Na minha família, há sete pessoas: minha esposa, quatro meninas, meu filho, e eu. Às vezes, as refeições podem ser um caos; a hora de ir para a cama pode ser uma batalha; passeios podem se tornar uma provação, mas todas são partes necessárias da vida diária. Passar tempo com Deus, apesar de talvez ser difícil de primeira, também é uma parte necessária do dia a dia – e uma que nos ajuda a enfrentar o restante do caos.

Você tem que planejar seu tempo com Deus. Faça planos depois que as crianças forem dormir ou antes de elas acordarem. Você precisa desses momentos a sós com Deus para que Ele possa falar com você Ele lhe dará confirmação sobre a vontade Dele para a sua vida. A fim de passar tempo com Deus consistentemente, eu estabeleci um local e um tempo para orar.

Deus nos guia através da Sua Palavra, que é relevante para todas as pessoas. Todo crente tem o direito de ouvir Deus. Entretanto, não conhecer a Palavra do Senhor pode privar você fortemente de receber a direção Dele. Salmos 119:105 diz: *"A Tua palavra é lâmpada que ilumina os meus passos e luz que clareia o meu caminho"*. As Escrituras são a Palavra de Deus, onde o Espírito Santo floresce. Derrame-se sobre elas, e a Palavra de Deus limpará você das impurezas do mundo, o purificará, e o tornará mais parecido com Cristo.

Salmos 32:8-9 diz: *"Instruir-te-ei, e ensinar-te-ei o caminho que deves seguir; guiar-te-ei com os Meus olhos. Não sejais como o cavalo, nem como a mula, que não têm entendimento, cuja boca precisa de cabresto e freio para que não se cheguem a ti"* (ACF). Os pais entendem o poder do contato visual com seus filhos. Se pudermos fisgar os olhos deles, é como uma comunicação telepática. É possível saber o que está acontecendo, o que estão sentindo, e o que estão planejando.

Você pode ser guiado pelos olhos de Deus ou pelo cabresto e o freio. Não seja como o cavalo ou a mula que precisam de cabresto e freio. Você é uma ovelha, e não uma mula teimosa. Aprenda a ouvir os pensamentos Dele e espere pelo sim do Senhor.

Forçando Sua Vontade

Você já tentou montar um quebra-cabeça? Às vezes, uma peça pode parecer a correta, mas não se encaixa perfeitamente. Possui a aparência certa, mas não se encaixará no espaço vazio sem força. Se você já tentou forçar uma peça para caber num espaço para o qual não foi desenhada sabe que apenas um encaixe errado destrói o resultado final. Faz com que as outras peças fiquem desencaixadas e isso ocasionará um vão em algum outro lugar. Cada peça de um quebra cabeça é conectada, assim como as peças das nossas vidas. Nós fomos criados para um propósito específico, e uma única peça fora do lugar pode afetar muito todas as outras peças das nossas vidas.

Não tente forçar que as coisas se encaixem. Espere pelo sim de Deus. Se você não tem a aprovação Dele para a direção que você está seguindo, não a force. Deus tem a peça que está faltando no quebra-cabeça.

Veja bem, Deus tem um dilema: Ele espera que nós compreendamos que Ele é Deus, que Seus caminhos não são os nossos caminhos, e que Seus pensamentos não são os nossos pensamentos (ver Isaías 55:8). O maior prazer de Deus é que confiemos Nele.

Dois Extremos

Tenha cuidado para não cair em um dos dois extremos ao tentar discernir a voz de Deus. O primeiro extremo é racionalizar demais. É quando fazemos apenas o que é completamente lógico. Achamos que toda porta deve ser aberta e toda questão deve ser respondida antes de agirmos. Nós dizemos a Deus: "O Senhor mostra primeiro, e depois eu irei". Mas Deus nos diz: "Você vai, e depois Eu mostrarei". Ele insiste que vivamos *por fé, e não pelo que vemos*" (2 Co 5:7).

O outro extremo é o misticismo. Cair nesse extremo é ignorar completamente a realidade. Tudo se torna "Eu me senti guiado", ou "Deus me disse". Não há nada de errado em se sentir guiado por Deus, mas muitas pessoas usam esse discurso como um escudo contra o conselho de outros. Ele sinaliza o fim da conversa.

Um dos problemas com os mísseis soviéticos na primeira Guerra do Golfo era que, apesar de serem armas de alto potencial, ninguém sabia bem onde iriam aterrissar. Ter alto potencial e não ter direção muitas vezes pode causar mais mal do que bem.

Experimentando a Direção de Deus

Existem sete maneiras de como o crente que tem discernimento pode realmente experimentar a direção de Deus e determinar a vontade Dele.

1. Convicções Internas

Em 24 de fevereiro de 1989, um 747 da companhia aérea United Airlines decolou de Honolulu, no Havaí, em direção a Sydney, na Austrália. Durante o voo, a porta de carga do avião abriu, sugando alguns passageiros para uma sepultura aquática no Oceano Pacífico. Um homem chamado John estava naquele voo. Ele falou sobre o acontecido num almoço de negócios cristãos em nossa igreja. Ele estava sentado perto da porta dos passageiros, quando ouviu claramente uma voz interior lhe dizer: "Saia de onde você está sentado". Ele demorou, mas aquela voz disse novamente: "Saia agora!" Ele se dirigiu para a parte de trás do avião e, alguns segundos depois, havia um buraco onde ele antes estava sentado.

Milagrosamente, os pilotos puderam pousar o avião, mas, infelizmente, algumas pessoas perderam suas vidas. Apesar de nunca sabermos a razão, a vida de John foi poupada naquele dia por ouvir a voz de Deus. Através do Espírito Santo, podemos saber coisas que não estudamos ou para as quais não treinamos. Podemos ter uma percepção sobre o caráter de alguém. Podemos ter uma linha direta com a sabedoria e o conhecimento do Próprio Deus.

2. Confirmação na Palavra

Segunda Timóteo 3:16 ensina: *"Toda a Escritura é inspirada por Deus e útil para o ensino, para a repreensão, para a correção e para a instrução na justiça."* Assim como um piloto confia em seus instrumentos, Deus nos guia enquanto confiamos em Sua Palavra e em Seu Espírito. Um bom piloto nos dirá que quando estivermos numa tempestade ou nevoeiro, devemos confiar nos indicadores do painel de instrumentos mais do que em nossa visão. Quando a tempestade estiver enfurecida, não tire os olhos dos indicadores! O mesmo é válido para as tempestades espirituais. A Palavra de Deus e Seu Espírito Santo libertarão você das nuvens escuras da vida.

3. Confirmação Profética

Através da palavra profética de outra pessoa, Deus pode confirmar o que Ele já falou ao seu coração. Algumas vezes Ele irá usar uma pregação profética, e parecerá como se o ministro tivesse bisbilhotado a sua vida. Primeira Coríntios 12 fala dos nove dons do Espírito Santo. Dois deles, os dons de profecia e o discernimento de espíritos, podem ajudar você a diferenciar a direção certa da direção errada.

4. Conselho Santo

Provérbios 11:14 diz: *"Sem diretrizes a nação cai; o que a salva é ter muitos conselheiros"*. Salmos 1:1 diz: *"Como é feliz aquele que não segue o conselho dos ímpios"*. Antes de tomar qualquer grande decisão em sua vida, disponha-se a ouvir as pessoas experientes, sábias, e santas que você respeita. Elas não substituem a voz de Deus, mas podem ajudá-lo a descobrir ou confirmar a direção Dele.

5. Circunstâncias

Se você foi demitido de seu emprego, Deus pode estar direcionando-o para outro local de trabalho. Neste caso, Ele não está lhe dando direção através de profecia, uma voz interna, ou um anjo, mas através das suas circunstâncias. Há vezes em que Deus permitirá que coisas aconteçam na sua vida a fim de fazer você se mover. Por exemplo, a falta de dinheiro na sua conta bancária pode ser uma maneira de Deus encorajá-lo a arranjar um emprego. Certamente não devemos governar todas as nossas decisões pelas circunstâncias. Porém, haverá momentos em que deveremos interpretar as circunstâncias de nossas vidas, e então determinar o que Deus quer que façamos.

6. A Paz de Deus

"Que a paz de Cristo seja o juiz em seus corações" (Cl 3:15). Não assine um contrato ou tome uma decisão que rouba a sua paz. Se tudo parece bom e soa bem, sempre aplique o teste da paz. Talvez seja preciso algumas tentativas e erros para dominar isso, mas aprender a confiar neste barômetro em seu coração o ajudará a evitar alguma adversidade no futuro.

7. *Provisão*

Lembre-se do meu pequeno ditado: "Onde Ele guia, Ele também provê. O que o Senhor começar Ele orquestrará". Onde está a provisão? Isso não significa que você nunca enfrentará desafios financeiros, mas que Ele já cuidou da provisão para a visão que tem colocado em ação. *"Nunca vi o justo desamparado, nem seus filhos mendigando o pão"* (Sl 37:25).

Em conclusão, sinto que é importante que você compreenda que, embora Deus possa escolher qualquer uma dessas formas para responder às suas orações, Ele pode usar mais de uma delas para confirmar Sua Palavra. Deus nos disse que duas ou três testemunhas confirmarão Sua Palavra para nós (ver Deuteronômio 19:15 e 2 Coríntios 13:1). Quanto maior for a decisão, mais você irá querer confirmar a direção Dele através dessas sete formas.

> **Você ficará impressionado com o quanto Ele deseja estar envolvido em seu dia a dia.**

Quando desenvolver a capacidade de ouvir e discernir a voz de Deus, você ficará impressionado com o quanto Ele deseja estar envolvido em seu dia a dia. Peça ao Senhor por Sua direção; uma vez que você receba o sim Dele em suas decisões, todas as outras coisas se encaixarão. *"E os teus ouvidos ouvirão a palavra do que estás por detrás de ti, dizendo: 'Este é o caminho; andai-nele"* (Is 30:21, ACF).

Existe uma parte do nosso cérebro chamada de sistema de ativação reticular. Você já comprou um carro pensando que ninguém da sua área tinha um igual, mas assim que saiu dirigindo da concessionária, tudo o que você via eram carros iguais ao seu? De repente, eles pareciam estar em todo lugar! Por que você não os havia notado antes? Porque, após a sua compra, seu sistema de ativação reticular reprogramou seu cérebro para perceber o que você não tinha visto antes – carros iguais ao seu carro novo.

Até mesmo enquanto você lê este livro, Deus está ativando um dom em seu espírito chamado de discernimento. Talvez, antes de ler este livro, você não havia notado que ele estava aí. Porém, daqui em diante, será difícil não perceber a intuição espiritual que Deus lhe tem dado.

Eu gostaria de orar sobre sua vida os princípios que aprendemos até agora:

Pai, em nome de Jesus, eu oro pelos homens e mulheres de Deus que estão lendo essas palavras. Eu oro para que o Senhor ative o dom de discernimento em suas vidas. Que o Senhor tenha domínio total de seus espíritos para que eles possam ser comovidos pelo Seu Espírito, ligados pelo Seu Espírito, guiados pelo Seu Espírito, e ter paz em Seu Espírito. Oro para que reconheçam os sussurros suaves da "traça" e sejam guiados por eles. Oro para que o sim de Deus esteja em cada uma de suas decisões e seus relacionamentos. Peço que o Senhor lhes dê a capacidade de diferenciar o verdadeiro do falso de modo que não percam Seu propósito em nenhuma área de suas vidas. Em nome de Jesus eu peço. Amém.

PARTE II

Pessoas Certas,
Lugar Certo,
Plano Certo

$\mathscr{P}$essoas $\mathscr{C}$ertas

Existe amigo mais apegado que um irmão.
Provérbios 18:24

Você já deu seu melhor num relacionamento, e recebeu o pior em troca? Lembre-se da letra traduzida da famosa música *country*, "Procurando por Amor", de Johnny Lee:

> *Procurando por amor em todos os lugares errados,*
> *Procurando por amor em rostos demais.*

Ela tem se tornado a trilha sonora de muitas pessoas.

É tempo de colocar um ponto final no sofrimento. É hora de começar a aproveitar os relacionamentos saudáveis e equilibrados que todo mundo quer e precisa. Deus deseja ajudá-lo a fazer escolhas sábias acerca das pessoas que você permite em sua vida, desde amizades a sócios e a romance. Encontrar a pessoa certa é uma parte importante de determinar a vontade de Deus para a sua vida.

Se você já foi usado, ofendido, abandonado, ou explorado num relacionamento, esse capítulo é para você. Muitas vezes, pessoas boas se envolvem em maus relacionamentos, com resultados desastrosos.

DISCERNIMENTO DE CARÁTER

Discernimento de caráter é uma ferramenta valiosa para evitar envolvimentos tóxicos. É uma habilidade da qual muitos de nós carecem. O que é discernimento de caráter? É simplesmente a capacidade de encontrar relacionamentos que são bons para você, e evitar aqueles que não são.

O apóstolo Paulo disse: *"Vocês corriam bem. Quem os impediu de continuar obedecendo à verdade?"* (Gl 5:7). Note que ele disse *quem*, não o que. Romanos 8:5 diz: *"Quem vive segundo a carne tem a mente voltada para o que a carne deseja; mas quem, de acordo com o Espírito, tem a mente voltada para o que o Espírito deseja"*.

Quando algumas pessoas entram na sua vida, elas não trazem apenas seus corpos – trazem seus espíritos. Existem dois tipos de pessoas: "pessoas da carne" e "pessoas de fé".

As pessoas da carne desanimam você e alimentam seus medos, enquanto as pessoas de fé encorajam-no e alimentam a sua fé. As pessoas da carne gastam o seu tempo e esgotam a sua energia. Frequentemente, cristãos encontram-se em relacionamentos confusos que consomem sua energia emocional e reduzem muito sua eficácia. Pense na dor pessoal que poderia ser evitada se soubéssemos como evitar relacionamentos tóxicos. Isso não significa necessariamente que "pessoas da carne" são pessoas más; significa apenas que não pertencem ao seu grupo íntimo de amigos. Isso também não quer dizer que você deve evitar essas pessoas; Deus quer que amemos todos aqueles com quem temos contato. Mas nós temos que nos certificar de nos rodearmos de mais pessoas que enchem a nossa vida do que de pessoas que a esgotam. Um dos primeiros sinais de alerta de fracasso espiritual é quando começamos a nos isolar dos amigos cristãos e da casa de Deus.

> **Um dos sinais de alerta de fracasso espiritual é isolação de outros cristãos e da casa de Deus.**

Pessoas de fé são aquelas que preenchem a sua vida. Elas levam você para mais perto de ser quem Deus o criou para ser. São aquelas que serão amavelmente honestas com você Elas são fortes quando você é fraco.

Se Deus quiser abençoar você, Ele irá enviar uma pessoa; e se satanás quiser amaldiçoar você, ele enviará uma pessoa. É por isso que, todos os dias, precisamos orar por discernimento total no mundo espiritual para diferenciar as pessoas certas das erradas.

Paulo: As Pessoas que Nos Edificam

Quando Paulo precisou ser curado, quem Deus enviou? Ananias era o homem certo, no lugar certo, e na hora certa (ver Atos 9:10-18). É isso que eu chamo de uma "Conexão do Reino": pessoas que Deus coloca na sua vida para servir de ponte para levá-lo aonde você deve ir. Você gostaria de uma Conexão do Reino na sua vida e na sua carreira?

A igreja primitiva rejeitou Paulo porque ele havia perseguido os cristãos antes de sua conversão. Os discípulos tinham medo dele, então Deus mais uma vez enviou uma pessoa: Barnabé. Barnabé usou a influência que tinha com os discípulos para que Paulo pudesse dar o passo inicial na igreja.

Quando Paulo estava desencorajado, Deus enviou Tito para encorajá-lo. Você já teve um dia desencorajador até que uma pessoa compartilhou algumas palavras agradáveis com você e mudou completamente seu humor? Em 2 Coríntios 7:6, Paulo disse: *"Deus, porém, que consola os abatidos, consolou-nos com a chegada de Tito"*.

Rute: A Pessoa com quem Casamos

O casamento é uma das decisões mais importantes que você irá tomar. É um compromisso para a vida toda. Afeta todas as outras áreas da sua vida: seus futuros filhos, onde você irá morar, suas finanças, para qual igreja irá, e muito mais. Deus tem um plano para as pessoas com quem você se associa em sua vida amorosa. Será melhor se você tirar um tempo para ter certeza de que aquela com quem irá se casar é aquela ordenada por Deus.

Deus se importa se você é solteiro, viúvo, ou divorciado? Ele percebe quando todo mundo vai para casa junto e você vai sozinho? Pode apostar que sim! No livro de Rute, vemos o Deus que disse: *"Não é bom que o homem esteja só"* (Gn 2:18), entrar na vida de Rute e dar a ela uma Conexão do Reino. O marido de Rute havia morrido e ela tinha pouca esperança de encontrar um bom homem. Mas Deus não enviou um perdedor nem um rejeitado. Ele não enviou um "jogador" de boa lábia que iria partir seu coração. Enviou um homem capaz que poderia cuidar dela. Deus enviou Boaz.

Boaz era um pouco mais velho que Rute, mas possuía dinheiro o bastante para dar conforto a ela. Atente para as qualidades que você deve procurar, ou ensinar seus filhos a procurar, quando tentar discernir o par certo. Boaz era um homem estável. Ele não havia acabado de sair da prisão ou da reabilitação. Ele tampouco era preguiçoso ou improdutivo.

Veja também que ele respeitava os parentes de Rute. Ele deu a Rute comida para levar para sua sogra, Noemi. Boaz pagou tudo; eles não dividiram a conta. Hoje em dia, os homens não parecem entender como respeitar uma mulher e mostrar respeito aos seus pais. Moça, se você estiver namorando um rapaz que reluta pagar uma refeição, mas espera que você pague o filme e a pipoca, então você está namorando um malandro. Prestem atenção aqui, rapazes. Boaz era um homem de verdade – um homem perceptivo, um homem sensível, um homem espiritual, e um homem financeiramente capaz. Essa é uma equação que é igual a um *marido*!

Quando Rute foi para casa carregada de comida, Noemi começou a orientá-la como se comportar de maneira apropriada. Quando Rute quis saber o que deveria fazer acerca desse homem que estava mostrando interesse afetivo por ela, Noemi lhe deu um conselho sólido: *"Agora espere, minha filha, até saber o que acontecerá"* (Rt 3:18). "Agora espere." Em outras palavras: "Deixe o homem procurar por você; não procure por ele". Hoje, a garota ligaria de volta em trinta minutos dizendo: "Você se lembra de mim, Boaz? Eu conheci você no campo". Na manhã seguinte ela estaria ligando novamente. "Lembra-se de mim? Podemos sair juntos um dia desses?" Os homens perdem o respeito por mulheres desesperadas. Esperar é a coisa mais difícil de fazer. Isso na verdade significa que você terá de confiar em Deus nessa questão. Ainda que você acampe ao lado do telefone, esperando que ele ligue, não deixe que ele saiba. Espere! Rute poderia ter reagido de forma egoísta e dito a Noemi: "Você não sabe do que está falando. Só porque você perdeu seu marido não significa que eu irei perder uma chance de ter um segundo marido." Mas ela não fez isso. A Bíblia diz que ela obedeceu e respeitou o conselho de Noemi.

Boaz providenciou um casamento legal e tornou-se o "parente-resgatador" de Rute. Eles tiveram um filho chamado Obede. Obede teve um filho chamado Jessé. Jessé teve um filho chamado Davi, que se tornou rei. Davi teve uma descendente chamada Maria. E Maria teve um bebê a quem chamou de Jesus.

Através do discernimento de caráter de Rute, Deus não apenas a abençoou com um marido fantástico, mas também a colocou na genealogia de Jesus Cristo (ver Mateus 1:5).

JONAS: AS PESSOAS QUE NOS DESANIMAM

Precisamos de Deus para restaurar o discernimento dentro de nós, para que possamos reconhecer as pessoas certas, as pessoas abençoadas, as pessoas de fé, as Conexões do Reino que Ele tem para cada um de nós. Porém, também precisamos de discernimento para reconhecer as pessoas erradas.

Deus enviou Jonas numa missão a Nínive, mas ele desobedeceu à vontade de Deus e seguiu a direção contrária rumo a Jope, onde embarcou em um navio para Társis. Durante a viagem, o navio em que ele estava passou por uma tempestade que ameaçava afundá-los. Jonas 1:5 diz: *"Todos os marinheiros ficaram com medo."* Muitos de nós já ouviram a história de Jonas em pregações e em aulas da escola dominical, mas você já parou para pensar

> Um rebelde, um homem desobediente pode levar um navio cheio de gente para afundar com ele.

no fato de que haviam outras pessoas no navio prestes a perderem suas vidas? É preciso apenas um rebelde, um homem desobediente para levar um navio cheio de gente para afundar com ele.

Essa é uma importante lição para aqueles que estão tentando aprender a discernir. Há vezes em que você não é o problema. O problema pode ser as pessoas com quem você está se associando. O barco dos marinheiros estava enchendo de água, todos a bordo temiam por suas vidas, e não era culpa deles. Eles estavam no lugar errado, na hora errada, com a pessoa errada – Jonas.

Os marinheiros estavam clamando fervorosamente aos seus deuses. Eles estavam atirando suprimentos no mar, sacrificando suas necessidades para deixar o navio mais leve. Mas a Bíblia nos diz que *"Jonas, que tinha descido para o porão e se deitara, dormia profundamente"* (Jn 1:5). Às vezes, quando sua vida está sendo sacudida e revirada pela tempestade, é por causa das pessoas com quem você tem se vinculado.

Por fim, os marinheiros acordaram Jonas de seu sono e perguntaram-lhe: *"O que devemos fazer com você, para que o mar se acalme?"* (versículo 11). Jonas respondeu: *"Peguem-me e joguem-me ao mar, e ele se acalmará. Pois eu sei que é por minha causa que esta violenta tempestade caiu sobre vocês"* (versículo 12). Jonas sabia que ele era o problema. Então, por que pediria que eles o jogassem no mar? Por que não pular logo do barco?

Algumas vezes, os rebeldes tentam fazer com que você se sinta mal. Se você tem um filho de quarenta e cinco anos que não arruma um emprego, ainda está morando na sua casa, comendo da sua comida, e não está pagando aluguel, então é hora de jogar Jonas para fora do barco! Quando fizer isso, não se surpreenda se ele tentar fazer com que você se sinta culpado por fazer a coisa certa. Posso até escutar as palavras patéticas dele: "Você está certo; sei que eu deveria fazer melhor. Eu vou encontrar outro lugar para ficar. Acho que posso dormir na rodoviária".

Podemos entrar sem querer em tempestades simplesmente por tentar ajudar as pessoas, fazendo por elas o que deveriam estar fazendo por si mesmas. Se os marinheiros não tivessem lançado Jonas para fora do barco, todos teriam perecido. Se há pessoas na sua vida que estão usando você para uma carona grátis, elas não irão pular do barco voluntariamente. Se você tem parentes ou amigos que tiram proveito da sua consciência e boa vontade para fazer com que você pague as contas deles ou lhes dê dinheiro, você acha quem eles irão parar? Se você tem um marido que abusa fisicamente de você ou tem casos amorosos e você permite, você está dando a ele permissão para tratá-la como um cachorro.

A Bíblia diz que antes de jogarem Jonas para fora do barco, eles tentaram remar com mais força para levar o navio à terra. Muitas vezes, tentamos resolver um problema com mais insistência porque temos medo da decisão que sabemos que teremos que tomar. Tentamos com muita força colher sucesso a partir do pecado. Por fim, alguém no barco chamou todos a uma reunião. Houve uma votação e decidiram lançar Jonas para fora do barco. Tenho certeza de que os marinheiros se sentiram mal, mas sabiam que, se não fizessem isso, não conseguiriam chegar ao outro lado. A Bíblia continua: *"Então, pegaram Jonas e o lançaram ao mar enfurecido, e este se aquietou"* (Jn 1:15). Assim que você tirar as pessoas erradas do seu barco, sua tempestade chegará ao fim. Alguns de vocês precisam lançar uns Jonas para fora do barco!

> Quando permitimos pessoas erradas em nossa vida, estamos afastando-as do melhor de Deus.

Se você lançar um Jonas para fora do seu barco, lembre-se de que Deus ainda estará lá para ele. Quando Jonas foi jogado no mar, Deus já havia preparado um grande peixe para engoli-lo e vomitá-lo de volta na praia para que ele pudesse viajar para Nínive, seu destino pretendido. Quando permitimos pessoas erradas em nossa vida, não estamos ajudando-as – talvez estejamos afastando-as do que Deus preparou para elas.

Peça que Deus revele a você os Jonas que estão sacudindo o barco na sua vida. Ore por sabedoria e coragem para "jogá-los" com toda sua bagagem para fora do barco! Às vezes, você tem que fazer o que é melhor para você e confiar que Deus cuidará da outra pessoa.

Assim que Jonas já não estava mais no barco, os marinheiros começaram a adorar a Deus (ver Jonas 1:16). Você não pode adorar a Deus como deveria enquanto houver relacionamentos tóxicos e confusão ao redor. Seja lá o que estiver roubando sua paz e sacudindo seu barco, o que estiver tirando o seu sorriso, abaixe-se, pegue-o, e jogue-o para fora do barco. Em seguida, faça o que os marinheiros fizeram – comece a adorar a Deus.

QUEM É O SEU MENTOR?

Um dos segredos do sucesso para alguns dos grandes heróis da Bíblia foi seus mentores. Se você não tem um mentor de Deus em sua vida, você precisa pedir ao Senhor que lhe apresente um. Quando Ele o fizer, não recue e espere que a pessoa aproxime-se de você; talvez você tenha que pedir que ele ou ela seja seu mentor. Josué estava sempre ali, passando um tempo ao redor de Moisés. O sucesso de Eliseu encontrava-se em seu relacionamento com Elias. Ele passava horas e horas aprendendo com o velho e sábio profeta.

O apóstolo Paulo chamou Timóteo de *"verdadeiro filho na fé"* (1 Tm 1:2). Timóteo era um dos apóstolos mais jovens na Bíblia. Como ele teve sucesso com tão pouca idade? Ele literalmente sentava aos pés do grande apóstolo Paulo e capturava seu espírito.

Jesus passou três anos e meio de Sua vida no ministério. A maior parte de Seu tempo não foi com as multidões, com líderes ricos e influentes, mas com doze homens em quem Ele derramava Sua vida e sabedoria. Ele falava em parábolas às multidões de pessoas, e depois explicava e entrava em detalhes com os discípulos. Esses homens se tornaram os elementos fundamentais da Sua igreja.

Mentores nos expõem a novas órbitas do ministério, novos hábitos, e novos níveis de expectativa. Pergunte a um levantador de peso ou a um atleta de salto em altura o que um treinador faz por eles. Se você quiser ser melhor, o mentor aumentará gradativamente o nível, pedindo um pouco mais de esforço e melhores resultados, ensinando você a esperar mais de si mesmo.

Algumas vezes, mentores podem até parecer cruéis e imprudentes, mas se você quiser ser um vencedor, a orientação deles pode encorajá-lo a chegar ao topo. Provérbios 27:6 diz: *"Leais são as feridas feitas pelo amigo, mas os beijos do inimigo são enganosos"* (ACF). É um grande dia quando

Deus dá a você alguém que o ama o bastante para colocá-lo sob um pouco de pressão a fim de que você possa ser conformado à imagem de Jesus Cristo e alcance seu maior potencial.

CUIDADO COM OS FALSOS IRMÃOS

Se você tem passado a vida gravitando em direção às pessoas erradas, eu tenho uma boa notícia para você. Deus irá trazer as pessoas certas e descartar as erradas. Mas quando Ele fizer isso, não retorne para as pessoas erradas. *"Todo ramo que, estando em Mim, não dá fruto, Ele corta"* (Jo 15:2). Isso não significa que elas são inferiores e você é superior; quer dizer apenas que elas não são parte do plano de Deus para a sua vida. Assim como Jonas, Deus tem um plano diferente, um curso diferente, para elas. Mas se você insistir em enxertá-las na sua vida, Deus talvez terá de fazer uma cirurgia relacional e podá-las.

Infelizmente, tais falsos irmãos às vezes podem ser encontrados dentro da sua própria família, onde é difícil podá-los. Em reuniões de família, eles muitas vezes trazem condenação. Foi somente quando o filho pródigo falhou que ele percebeu a essência de seu irmão mais velho. Em seu retorno e arrependimento, seu pai não o lembrou de seus pecados. Foi o irmão mais velho que apontou o dedo e condenou o filho pródigo diante do pai (ver Lucas 15:11-32).

José descobriu que falsos irmãos nunca celebram nosso sonho. Ao invés de viver na terra de ilimitado favor de Deus, eles vivem com uma mentalidade de "soma zero", em que para você ganhar é preciso que eles percam. A sua vitória é a derrota deles. Se você recebe uma bênção, eles acreditam de certo modo que há menos bênçãos disponíveis para eles. Os irmãos de José não puderam suportar o favor de seu pai pelo caçula, então jogaram-no em um poço e venderam-no como escravo (ver Gênesis 37:24).

Algumas pessoas abençoam você quando vêm para a sua vida. Algumas o abençoam quando saem da sua vida. Existem muitas pessoas boas por aí. *"Existe amigo mais apegado que um irmão"* (Pv 18:24). Use cada pingo de sabedoria e de discernimento para encontrar essas pessoas. Se alguém está sendo destrutivo ou produzindo maus frutos na sua vida, tenha cuidado. Permaneça de olhos abertos, orando, e buscando até encontrar as pessoas certas, que levam você para mais perto de ser quem Deus planejou que você seja.

CAPÍTULO CINCO

Lugar Certo

*De um só fez Ele todos os povos, para que povoassem
toda a Terra, tendo determinado os tempos anteriormente
estabelecidos e os lugares exatos em que deveriam habitar.*
Atos 17:26

Mais de doze anos atrás, Deus começou a falar comigo sobre esse incrível dom de discernimento. Eu tive um sonho num sábado a noite que foi tão vívido que nunca esquecerei. Sonhei que eu estava no funeral de uma criança. Quando caminhei até o caixão e olhei para dentro dele, fiquei devastado ao ver Caressa, minha filha de três anos de idade, deitada ali sem vida. Imediatamente, despertei do sonho e acordei minha esposa. Nós dois começamos a orar pela nossa família. Chorávamos enquanto a forte presença do Senhor entrava em nosso quarto.

Na manhã seguinte, ainda abalado com aquela experiência, eu fui para a igreja pregar. Preguei uma mensagem cujo título era "Cancele a Missão do Diabo." No fim da pregação, contei com lágrimas meu sonho à congregação. Expliquei como eu acreditava que Deus estava me avisando que satanás havia mirado em nossos filhos tão jovens, mas pelo sangue de Jesus Cristo, podíamos cancelar a missão do diabo na vida deles. Foi um dos cultos mais tocantes de que já participei, em que pais e mães começaram a clamar a Deus por suas famílias.

É aqui onde a história dá uma reviravolta dramática. Nossa família havia planejado ir de férias à Disney World na Flórida no dia seguinte. Por alguma razão desconhecida, minha esposa implorou para que partíssemos depois que os cultos da manhã terminassem. Ela ficou insistindo: "Vamos um dia antes para que possamos ir ao *SeaWorld* amanhã". O *SeaWorld* sequer estava em nosso itinerário antes, mas eu consenti, e chegamos à Flórida um dia antes.

Na manhã seguinte, levamos nossas duas filhas ao *SeaWorld*. Era um dia lindo e ensolarado enquanto esperávamos o show de esqui começar num estádio descoberto de cinco mil assentos. Do nada, uma nuvem enorme e escura de tempestade surgiu e cobriu o parque. O vento apertou drasticamente. Ouvimos um estrondo de trovão quando, de repente, bem diante dos nossos olhos, um raio de relâmpago atingiu o topo de um hotel próximo dali, deixando-o em chamas. Cinco mil pessoas em pânico corriam pelos degraus do estádio, procurando por abrigo na tempestade.

Sobreveio um caos total. Cherise pegou a bolsa de fraldas e os acessórios enquanto eu apanhei uma das meninas. Nossa filha mais nova subiu os degraus sozinha. Quando nos aproximamos do topo do estádio, estávamos cercados por trovões e relâmpagos. Nossas duas filhas estavam histéricas. Para ser sincero, eu também estava. Nunca havia me deparado com algo assim antes. Os fortes ventos acionaram minha mente para me precaver contra um tornado. Quando alcançamos o topo das escadas, havia tanta gente que Cherise rapidamente virou-se para pegar Caressa no colo. No entanto, quando esticou os braços para pegá-la, Caressa passou correndo por ela em direção a uma pessoa totalmente desconhecida que estava de pé ali perto. A desconhecida, uma mulher de 26 anos, abaixou-se e pegou nossa filha sem hesitar. Caressa agarrou os braços em volta do pescoço da mulher e não a soltava.

De todos os nossos filhos, Caressa era de longe a mais colada com a mãe; ela nunca iria para os braços de um estranho. Ela sempre queria que eu ou mãe dela a segurássemos. Se não conhecesse a pessoa, ela não lhe dava nenhuma atenção.

Entretanto, enquanto Cherise começou a pedir que ela viesse para seus braços, Caressa sequer dava ouvidos a Cherise nem a mim. Ela simplesmente grudou-se naquela mulher com toda a sua força. A moça começou a chorar – não uma lágrima ou duas, mas um pranto incontrolável – enquanto segurava nossa filha de três anos de idade.

Cherise voltou-se para mim e sussurrou: "Jentezen, faça alguma coisa. O comportamento dessa mulher está muito esquisito, e está com a nossa filha". Eu percebi que a mãe e o pai da jovem mulher estavam de pé ao lado dela, e vi que a mãe também estava chorando. Agora estávamos totalmente confusos.

Minha esposa gentilmente perguntou à mãe da moça: "Por que todo mundo está chorando?"

Ela respondeu: "Você não entende. Sua filha é um anjinho enviado por Deus a nós hoje".

Enquanto a tempestade começava a ir embora, ela começou a explicar.

"Dois meses atrás, minha neta de três anos de idade morreu de insuficiência cardíaca congestiva no meio da noite. Essa é a primeira vez que conseguimos tirar nossa filha do quarto porque ela estava muito devastada pela tristeza. Ela tem culpado a Deus por levar sua garotinha."

A jovem mulher continuava a chorar, segurando nossa filha com força enquanto Caressa continuava grudada nela. Cherise e eu caímos em lágrimas. Como a multidão começou a se dividir e voltar para seus assentos, muitas pessoas estavam olhando para nós, perguntando-se o que estava acontecendo.

Eu pedi à jovem mãe que estava segurando a Caressa que me escutasse. Eu disse: "Sou ministro, e o que estou prestes a lhe contar está gravado em vídeo se você não acreditar. No último sábado à noite, eu tive um sonho. No sonho, Deus fez com que eu sentisse sua tristeza. Eu vi minha filha de três anos de idade num caixão. Eu nunca senti uma tristeza como aquela na minha vida. Fui para a igreja no dia seguinte e contei à congregação que eu havia visto minha filha num caixão. A razão pela qual estamos aqui no *SeaWorld* hoje é que minha esposa decidiu que queria vir um dia antes. Agora eu sei por que. Deus queria que você soubesse que sua preciosa filha está com Ele no Céu.

Prossegui dizendo a ela que nossa filha de três anos nunca havia corrido para os braços de uma pessoa totalmente desconhecida. "Esse é um sinal de Deus para você do quanto Ele a ama". Eu expliquei a ela que o Rei Davi, na Bíblia, também perdeu um filho e falou: *"Poderia eu trazê-la [a criança] de volta à vida? Eu irei até ela, mas ela não voltará para mim"* (2 Sm 12:23). Eu disse à mulher: "Você tem que determinar, mesmo que não possa trazer sua filha de volta, que algum dia você irá para o lugar aonde ela foi".

A família toda orou conosco com os olhos cheios de lágrimas. A presença curadora de Deus era tão forte, sentíamos como se estivéssemos pisando em terra santa. Enquanto a jovem mãe ainda segurava Caressa, nossa filha começou a brincar com um pequeno cordão de pérolas que a mãe usava ao redor do pescoço. Aquela mãe de luto havia colocado um cordão parecido ao redor do pescoço de sua filha que estava deitada no caixão. A mulher tirou o cordão de seu pescoço e prendeu-o ao redor do pescoço de Caressa. Ao fazer isso, ela estava essencialmente soltando sua garotinha e colocando-a nos braços amorosos de Deus.

A jovem nos disse que essa experiência havia restaurado a fé dela em Deus. Depois que todos nós choramos e oramos, era hora de seguirmos nossos caminhos separados. Quando tentamos tirar Caressa dos braços dela, ela deu um ataque porque queria ficar com a jovem mulher. Para nós, aquilo foi mais estranho do que qualquer outra coisa.

> O sofrimento nunca nos deixa onde ele nos encontra; ele nos torna pessoas amarguradas ou pessoas melhores.

Minha esposa e eu nunca nos esqueceremos daquela família parada de pé e chorando enquanto íamos embora, com Caressa estendendo os braços para trás em direção àquela mãe. Pense nas medidas que Deus está disposto a tomar apenas para nos dizer que Ele nos ama quando estamos sofrendo!

Se estamos sofrendo, Ele também está. *"Pois não temos um Sumo Sacerdote que não possa compadecer-se das nossas fraquezas"* (Hb 4:15). Jesus permitiu-Se ser abandonado por Deus para que pudesse dizer: "Eu sei, já passei por isso". Nosso Deus conhece a dor da perda. Ele é comovido pelas mesmas coisas que nos afligem.

O sofrimento nunca nos deixa onde ele nos encontra; ele nos torna pessoas amarguradas ou pessoas melhores. Transforma-nos em miseráveis murmuradores ou nos conforma à imagem de Jesus Cristo. Deus amava tanto aquela jovem mãe que me deu um sonho, reorganizou nosso itinerário, deu discernimento a minha esposa para insistir em partir antes, e ainda usou as emoções da minha filha de três anos de idade para movê-la ao lugar certo na hora certa – os braços de uma mulher triste e ferida.

Pense nisso. Com milhares de pessoas naquele estádio, Deus nos colocou no lugar certo, na hora certa.

LOCALIZAÇÃO CERTA

Um dos principais propósitos de Deus para a sua vida é localização certa. Estar no lugar certo na hora certa é uma chave importante para descobrir a vontade de Deus para a sua vida. Em Gênesis 1, Deus criou um lugar e Ele criou Adão; em Gênesis 2, Deus plantou Adão no lugar certo, em um jardim.

O que isso nos diz sobre Deus e a vontade Dele para a nossa vida?

1. Deus não nos deixa onde nos encontra.
2. Deus tem uma localização certa para nós.

O dono da primeira "agência de empregos" do mundo foi Deus. Paulo escreveu: *"Deus dispôs cada um dos membros no corpo, segundo a Sua vontade"* (1 Co 12:18). Deus vai até você exatamente onde você está e lhe dá um propósito, uma missão, e um lugar. Deus deu a Adão um local de trabalho antes de lhe dar uma esposa. Se você é uma mulher solteira, não deveria considerar se casar com nenhum homem que não possui seu local de trabalho – um emprego.

A localização certa afeta profundamente seu futuro de sete maneiras:

1. Libera provisão sobrenatural na sua vida.
2. Fornece proteção.

3. Exige a morte do orgulho.
4. É muitas vezes precedida por uma temporada de desconforto.
5. Libera a glória de Deus sobre a sua vida.
6. Evita exposição a situações pecaminosas e tentações que você encontraria se estivesse no lugar errado.
7. Pode ajudar você a evitar problemas futuros.

1. Libera Provisão Sobrenatural

O primeiro livro de Reis 17:3-4 descreve a provisão sobrenatural:

Saia daqui, vá para o leste e esconda-se perto do riacho de Querite, a leste do Jordão. Você beberá do riacho, e dei ordens aos corvos para o alimentarem lá.

Durante uma onda de fome, Deus deu a Elias uma instrução clara dizendo, efetivamente: "Vá para Querite. Ordenei aos corvos para alimentarem você *lá*." Deus disse a Elias que se ele fosse para o lugar certo, a provisão sobrenatural *iria* aparecer. O suprimento divino segue a colocação divina. Se Elias estivesse em qualquer outro lugar que não fosse o certo, os corvos não o haveriam alimentado. Deus tem guardado seu lugar de provisão sobrenatural – Deus possui um "lá" para você!

> Devemos buscar a face de Deus, não Suas mãos. Nós queremos a benção das mãos de Deus, mas Deus quer um relacionamento face a face.

Logo quando Elias pensou que havia compreendido Deus, o riacho de repente secou e os corvos pararam de levar comida. Certa vez, preguei um sermão chamado "O Que Fazer Quando o Riacho Seca e os Pássaros Não Voam!" Nele, expliquei que a única razão pela qual Deus deixa o riacho secar é porque Ele quer nos direcionar de volta para a nossa fonte. Devemos buscar a face de Deus, não Suas mãos. Nós queremos a benção das mãos de Deus, mas Deus quer um relacionamento face a face.

Não se apaixone por um método e esqueça que Deus é a sua fonte. O riacho não era a fonte de Elias; Deus era. Nós nos casamos com um método, ancorados a uma memória, mas devemos estar abertos à mudança. Quando o Espírito Santo quer fazer uma coisa nova, temos que nos desfazer dos antigos odres de vinho. Nesse caso, Deus deu a Elias um novo plano: *"Vá imediatamente para a cidade de Sarepta... Ordenei a uma viúva daquele lugar que lhe forneça comida"* (1 Rs 17:9).

Minha esposa tem sua própria empreiteira. Ela tem um dom tão grande nessa área que seu talento tem nos abençoado financeiramente. Aliás, a primeira casa que tivemos foi uma que ela construiu. Nós moramos com os pais dela durante quatro anos enquanto guardávamos todo o dinheiro possível. Por fim, tínhamos dinheiro suficiente para comprar uma propriedade desocupada no lago que Cherise havia encontrado em Gainesville, na Geórgia. Ela realmente sentia que devíamos esticar nossos recursos e tentar comprá-la. Pagamos 50 mil dólares pelo terreno, esgotando todo o dinheiro que tínhamos. Conseguimos um empréstimo de 130 mil dólares para a casa, e Cherise construiu uma linda casa no lago. Moramos nela por um ano e a vendemos por 389 mil dólares.

A história fica ainda melhor. Depois, ela encontrou outro terreno no lago numa linda vizinhança. Esse terreno custava um golpe de 180 mil dólares! Era quase todo o lucro da venda da nossa primeira casa. Eu achava que o terreno era muito caro e que nunca recuperaríamos nosso dinheiro. Mesmo assim, seu incrível discernimento financeiro fez com ela persistisse. Ela disse: "Eu posso construir uma casa nesse terreno e fazer uma fortuna". Felizmente, eu a ouvi. Hoje, o terreno sozinho está avaliado em mais de um milhão de dólares.

Ao longo dos anos, minha esposa tem tido uma capacidade excepcional de fazer sábios investimentos financeiros na área imobiliária. Arrependo-me de nem sempre tê-la escutado. Mas tenho aprendido que um dos pontos fortes da minha esposa está nos negócios, então fico feliz por poder pegar uma carona com ela nessa área.

Discirna o lugar de bênção para a sua vida. Se Deus disser: "Irei abençoar você 'lá'", e você insistir em ficar "aqui", então você irá perder a provisão Dele. Tudo dependia de Elias estar no lugar certo.

Quando Rute estava procurando por um lugar de provisão, ela expressou seu desejo para sua sogra. *"Deixa-me ir ao campo, e apanharei espigas atrás daquele em cujos olhos eu achar graça"* (Rt 2:2, ACF). Você não quer trabalhar em qualquer campo. Ore por discernimento que irá levá-lo ao um campo de trabalho em que você encontrará o favor do seu empregador. O lugar que Deus tem para você será um lugar de influência, favor, e prosperidade.

Às vezes, o lugar para qual Deus enviar você não parecerá ser um lugar de bênção. Quando Rute encontrou o campo certo no qual trabalhar, ela trabalhou somente num canto remoto dele. Depois, ela foi promovida de trabalhar naquele canto insignificante para ser dona do campo inteiro! No entanto, sua promoção foi contingente a encontrar o local certo de trabalho.

Você está no lugar certo, ou está dependendo de um antigo arado, com medo de mudar?

Em 2 Crônicas 7:12, Deus disse a Salomão: *"Ouvi sua oração, e escolhi este lugar para Mim, como um templo para sacrifícios"*. Ah, o potencial de um lugar escolhido! Se você está nele, não o deixe. Mas se não estiver, não fique onde você está nem um dia a mais do que tem que ficar. Em Êxodo 33:21, Deus disse a Moisés: *"Há aqui um lugar perto de Mim, onde você ficará, em cima de uma rocha"*. Há um lugar reservado para você por Deus. Se você for para lá, Ele irá prover sobrenaturalmente tudo de que você precisa para fazer Sua vontade.

2. Fornece um Local de Proteção

Um lugar errado é qualquer lugar em que você sabe que sua caminhada cristã está comprometida. Quando você fica fora dos lugares errados, você protege a sua integridade. Qualquer lugar aonde o Próprio Cristo não iria é o ambiente errado. Uma boa regra a seguir é: "Se Cristo não faria, você não deveria!"

Quando soprava a brisa do dia, Adão e Eva caminhavam com Deus no jardim do Éden. Quando eles estavam com Deus, satanás nunca aparecia. Ele abordou Eva quando ela não estava na presença de Deus.

Desde que Pedro estivesse ao lado de Jesus, ele era forte na fé; mas quando estava sozinho – fora da presença de Jesus – ele esquentou as mãos na fogueira errada e negou Cristo três vezes (ver João 18:17-18, 25-27).

Há proteção em Sua presença. Não se afaste para longe demais do corpo de Cristo, que é a igreja, ou você se tornará presa fácil para o inimigo.

3. EXIGE A MORTE DO ORGULHO

A localização certa exige a morte do orgulho. Isso é difícil! Orgulho é um dos principais obstáculos que impede nossa locomoção para o lugar certo. Quando estamos inchados de orgulho, dizemos coisas como: "Bem, eu não irei trabalhar lá. Sou melhor do que eles".

Elias era um importante e poderoso homem de Deus. Ele era um grande e forte profeta que matou quatrocentos e cinquenta profetas de Baal e chamou fogo do Céu. Mas em 1 Reis, Deus o instruiu a buscar ajuda na casa de uma viúva: *"Ordenei a uma viúva daquele lugar que lhe forneça comida"* (1 Rs 17:9). Essa seria uma hora perfeita para que o orgulho crescesse dentro de Elias. Ele poderia ter dito: "Eu não vou me rebaixar pedindo pela ajuda daquela mulher". Mas ele não permitiu que o orgulho o impedisse de ir ao lugar certo.

Os homens podem aprender muito com suas esposas, mas o orgulho não os deixará dizer: "Eu estava errado; você estava certa". Muitas vezes, encontrar a sua localização certa exigirá a morte do orgulho pessoal.

4. É MUITAS VEZES PRECEDIDA POR UMA TEMPORADA DE DESCONFORTO.

A localização certa é muitas vezes precedida por uma temporada de desconforto. A razão é simples: até que seu fator angústia exceda seu fator medo, você não mudará. Nós prezamos segurança.

Quando uma águia mãe quer que suas aguietas aprendam a voar, ela começa a rasgar o ninho. Ela remove o pelo de animal para expor os galhos e os espinhos. De repente, o ninho não é mais um lugar tão confortável, então as aguietas rapidamente desejam esticar suas asas e aprender a voar. Você nunca voará se estiver confortável demais. Você nunca mudará aquilo que está disposto a tolerar. Deus tem uma maneira de fazer com que nos desloquemos Chama-se desconforto.

5. Libera a Glória de Deus

A localização certa libera a glória de Deus sobre a sua vida. No livro de Êxodo, Deus disse a Moisés como construir o tabernáculo:

> *Também capacitei a todos os artesãos para que executem tudo o que lhe ordenei: A Tenda do Encontro, a arca da aliança e a tampa que está sobre ela, e todos os outros utensílios da tenda — a mesa com os seus utensílios, o candelabro de ouro puro e os seus utensílios, o altar do incenso, o altar do holocausto com os seus utensílios, a bacia com a sua base — assim como as vestes litúrgicas, tanto as vestes sagradas para Arão, o sacerdote, como as vestes para os seus filhos, quando servirem como sacerdotes, bem como o óleo para as unções e o incenso aromático para o Lugar Santo. Tudo deve ser feito exatamente como Eu lhe ordenei.*
>
> *Êxodo 31:6-11*

Deus deu instruções específicas sobre as dimensões, as cores, e a localização de mobília, e até mesmo especificou as vestes que deveriam ser usadas lá. Eles fizeram exatamente o que Deus disse, e os resultados foram espetaculares. *"Então a nuvem cobriu a Tenda do Encontro, e a glória do Senhor encheu o tabernáculo"* (Êx 40:34). Em 2 Crônicas, depois que Salomão completou o templo mais permanente e toda mobília estava corretamente posicionada, a Bíblia diz: *"Desceu fogo do Céu e consumiu o holocausto e os sacrifícios, e a glória do Senhor encheu o templo"* (2 Cr 7:1). O lugar certo e o trabalho certo liberam a glória de Deus sobre a nossa vida.

6. Previne Exposição a Situações Pecaminosas e à Tentação

Se você ouvir e obedecer à voz de Deus, a glória Dele será a sua recompensa. Não fazer isso pode sujeitar você a situações pecaminosas e a tentações.

As primeiras palavras que Deus disse a Adão depois que ele pecou referiam-se à localização de Adão. *"Mas o Senhor Deus chamou o homem, perguntando: 'Onde está você?'"* (Gn 3:9). O pecado de Adão o levou para fora do lugar preparado especificamente para ele.

Ló era o sobrinho de Abrão, mas ele deixou seu tio e mudou-se para Sodoma. O que ele estava fazendo morando em Sodoma? Ló viu uma oportunidade de ficar rico, mas acabou perdendo sua esposa no processo porque não estava onde deveria estar.

7. Pode Ajudar Você a Evitar Problemas Futuros

Viver na localização certa de Deus pode fazer toda a diferença entre uma vida de bênção e uma vida de tristeza. Se você morar na cidade certa, for à igreja certa, encontrar o emprego certo, se relacionar com as pessoas certas, e casar com a pessoa certa, muitos problemas potenciais serão evitados.

Como descobrir o lugar certo? Arrependa-se, ore, e espere a direção divina.

Arrependa-se; pare de fazer do seu jeito.

Salmos 92:13 diz: *"Os que estão plantados na casa do SENHOR florescerão nos átrios do nosso Deus"* (ACF). Não seja um cristão levado pelo vento, sem frutos e sem raiz, voando de igreja a igreja. Fique enraizado e firmado na igreja certa.

O filho pródigo finalmente voltou aos seus sentidos e percebeu que estava no lugar errado, vivendo num chiqueiro, quando disse: *"Eu me porei a caminho e voltarei para meu pai"* (Lc 15:18). Ele estava dizendo, em outras palavras: "Estou deixando o lugar errado e voltado para o lugar certo" (ver Lucas 15:11-32).

Ore pelo tempo de Deus e pelo lugar de Deus.

Nós não estamos pedindo alguma coisa que Deus não conhece. Atos 17:26 diz: *"De um só fez ele todos os povos, para que povoassem toda a Terra, tendo determinado os tempos anteriormente estabelecidos e os lugares exatos em que deveriam habitar".* De acordo com as Escrituras, Deus designa um lugar para você e determina um tempo para que você esteja lá.

Espere direção divina.

Perder a vontade do Senhor produz consequências severas. Acredito que estamos mais seguros lutando numa guerra dentro da vontade de Deus do que passando um dia na praia fora da vontade de Deus.

Tem sido dito: "Se Deus fechar uma porta, Ele abrirá outra". Isso é verdade, mas você não vai querer ficar muito tempo no corredor. Quando Deus fechar uma porta e você ficar de pé no corredor esperando que a próxima porta abra, então anseie, tenha sede de Sua direção divina. *"O Senhor firma os passos de um homem, quando a conduta deste o agrada"* (Sl 37:23).

A voz de discernimento que Deus colocou dentro de você o guiará aos lugares certos onde você fará Conexões do Reino (as pessoas certas, no lugar certo, no tempo certo). Aprenda a ouvir sua voz interna de discernimento a fim de liberar provisão sobrenatural em sua vida e nas vidas daqueles que você encontrar.

Deus tem uma "missão *SeaWorld*" para você. Alguém lá fora está passando por uma noite escura da alma. As pessoas estão contando com que você seja sensível o bastante à direção de Deus para que esteja no lugar certo no tempo certo para que Ele possa usá-lo para brilhar Sua luz na escuridão delas.

CAPÍTULO SEIS

Plano Certo

"Porque sou Eu que conheço os planos que tenho para vocês", diz o Senhor, "planos de fazê-los prosperar e não de lhes causar dano, planos de dar-lhes esperança e um futuro.
Jeremias 29:11

Existe um plano certo. Uma ideia de Deus pode mudar a sua vida. Thomas Edison teve uma ideia, e hoje nós temos a lâmpada elétrica. Os irmãos Wright tiveram uma ideia, e agora nós temos a aviação. Bill Gates teve uma ideia, e hoje temos o computador pessoal. Existem "boas ideias" e existem as "ideias de Deus". O Espírito Santo quer que você discirna a diferença entre as duas.

Ore por um Milagre – Receba um Plano

Talvez, hoje, você precise de um milagre para você ou sua família. Quando pedimos um milagre a Deus, Ele muitas vezes nos dá uma série de instruções – um plano. Ele raramente libera um milagre sem um plano. Muito frequentemente, oramos e depois sentamos para esperar que Deus faça milagres. Entretanto, se você ler a Bíblia, descobrirá que não é assim que funciona. Você quer um milagre? Você receberá uma série de instruções – um plano.

Quando Josué precisou de um milagre de conquista, Deus deu a ele um plano.

Marche uma vez ao redor da cidade, com todos os homens armados.
Faça isso durante seis dias. Sete sacerdotes levarão cada um uma
trombeta de chifre de carneiro à frente da arca. No sétimo dia,
marchem todos sete vezes ao redor da cidade, e os sacerdotes toquem
as trombetas. Quando as trombetas soarem um longo toque, todo o
povo dará um forte grito; o muro da cidade cairá e o povo atacará,
cada um do lugar onde estiver.

Josué 6:3-5

Deus disse, efetivamente: "Aqui está o plano: marchem seis vezes por seis dias e, no sétimo dia, marchem sete vezes. Depois toquem as trombetas e gritem – e as muralhas cairão". Josué obedeceu, e o plano de Deus derrubou os muros de Jericó.

Quando Naamã buscou um milagre para a cura da lepra, Deus proveu um plano através do profeta Elias. *"Vá e lave-se sete vezes no rio Jordão; sua pele será restaurada e você ficará purificado"* (2 Rs 5:10). Essa simples série de instruções de Deus trouxe uma cura divina para o corpo de Naamã (ver versículo 14).

Antes de Sansão nascer, Deus apareceu a sua mãe e disse: *"Eis que tu conceberás e terás um filho sobre cuja cabeça não passará navalha; porquanto o menino será nazireu de Deus desde o ventre; e ele começará a livrar a Israel da mão dos filisteus"* (Jz 13:5, ACF). Deus já tinha um plano milagroso e detalhado para a vida dele antes mesmo de o menino nascer.

Histórias similares são contadas no Novo Testamento. No primeiro capítulo de Lucas, um anjo disse a Isabel e Zacarias que eles teriam um filho. Muito pouco foi deixado ao acaso.

Isabel, sua mulher, lhe dará um filho, e você lhe dará o nome de
João. Ele será motivo de prazer e de alegria para você, e muitos se
alegrarão por causa do nascimento dele, pois será grande aos olhos
do Senhor. Ele nunca tomará vinho nem bebida fermentada, e será
cheio do Espírito Santo desde antes do seu nascimento. Fará retornar

muitos dentre o povo de Israel ao Senhor, o seu Deus. E irá adiante
do Senhor, no espírito e no poder de Elias, para fazer voltar o coração
dos pais a seus filhos e os desobedientes à sabedoria dos justos, para
deixar um povo preparado para o Senhor.

Lucas 1:13-17

Mais uma vez, o plano de Deus veio com um nome e uma missão, antes de Isabel estar grávida de João Batista, seu filho por milagre.

No casamento em Canaã, quando Maria pediu a Seu Filho um milagre de provisão, Jesus deu um plano. Maria tinha experiência suficiente com os planos de Deus e sabia o que fazer.

Sua mãe disse aos serviçais: "Façam tudo o que Ele lhes mandar".
Ali perto havia seis potes de pedra, do tipo usado pelos judeus para as
purificações cerimoniais; em cada pote cabia entre oitenta a cento e
vinte litros. Disse Jesus aos serviçais: "Encham os potes com água". E
os encheram até à borda. Então lhes disse: "Agora, levem um pouco do
vinho ao encarregado da festa". Eles assim o fizeram.

João 2:5-8

A água avermelhou-se na presença de seu Criador, transformando-se em vinho da melhor qualidade (ver João 2:8-10). Quando pedimos um milagre a Deus, Ele conecta o resultado do nosso milagre a um plano milagroso.

CONHEÇA A FONTE

Jeremias 29:11 diz: *"Porque sou Eu que conheço os planos que tenho para vocês, diz o Senhor, planos de fazê-los prosperar e não de lhes causar dano, planos de dar-lhes esperança e um futuro".* Deus criou você com um propósito. Quando não sabemos por que alguma coisa foi criada, podemos facilmente violá-la. Não pergunte à criação qual é o seu propósito; pergunte ao seu Criador.

Alguns de vocês devem estar pensando, *Você não sabe de onde vim, as coisas que fiz. Você não conhece meus pais. Eu vim de um passado ilegítimo.*

Isso não importa para Deus.

Aqui está o que você precisa entender: *"Antes de formá-lo no ventre Eu o escolhi; antes de você nascer, Eu o separei e o designei profeta às nações"* (Jr 1:5). Você não vem de um passado. Você não vem de seus pais. Você pode ter vindo *através* deles, mas não veio *deles*. Você veio de Deus. Sua missão não pode ser estragada pelas suas circunstâncias.

Efésios 2:10 nos lembra: *"Porque somos criação de Deus realizada em Cristo Jesus para fazermos boas obras, as quais Deus preparou de antemão para que nós as praticássemos"*. Quando você foi criado, Deus o codificou para uma missão, e lhe deu o poder para cumpri-la. A tarefa do inimigo é nos puxar dessa missão divina, para fora da vontade de Deus.

Toda missão tem seu local de nascimento. O destino é alcançado discernindo aqueles momentos transicionais quando Deus nos envia Seu mapa direcionando-nos ao nosso propósito.

A igreja que eu pastoreio, a *Free Chapel*, existe há mais de cinquenta anos. O ex-pastor, Roy Wellborn, agendava-me para vir pregar num avivamento todo ano quando eu era evangelista em tempo integral. Na última vez em que preguei para o Pastor Wellborn, fui agendado nove meses antes. No entanto, logo antes da data, ele adoeceu, foi hospitalizado, e faleceu. Ele morreu na sexta à noite; eu deveria pregar naquele domingo.

A congregação amava o Pastor Wellborn. Eles estavam devastados com seu falecimento. Você pode imaginar o quanto eu me sentia inadequado de pé no púlpito dois dias após a morte dele – o púlpito que aquele homem amado havia ocupado fielmente por mais de trinta anos. Assim que o culto da manhã terminou, o caixão foi trazido e foi celebrado o culto memorial do Pastor Wellborn.

> O plano de Deus muitas vezes virá através de eventos inesperados que forçam você a ir numa direção a que nunca teria ido.

Naquela época, eu não tinha ideia de que eu estava lá por um plano divino do Deus Todo-

Poderoso. Tenho certeza de que quando o Pastor Wellborn me agendou para pregar em sua igreja, ele não fazia ideia de que estaria no Céu naquela mesma semana, ou que Deus já havia me escolhido como seu substituto.

Deus realmente tem um plano maravilhoso para nossas vidas. Ore por uma revelação especial dos planos Dele para a sua vida. Você descobrirá que *"Olho nenhum viu, ouvido nenhum ouviu, mente nenhuma imaginou o que Deus preparou para aqueles que O amam"* (1 Co 2:9).

O Plano Inesperado De Deus

O plano de Deus para a sua vida muitas vezes virá através de eventos inesperados que forçam você a ir numa direção a que nunca teria ido. Ester experimentou o direcionamento providencial de Deus que deu um "local de nascimento" a sua missão.

O livro de Ester inicia com uma extravagante festa de sete dias no palácio do rei. O Rei Xerxes pediu a todo seu conselho de líderes militares para se juntar a ele em sua próxima expedição militar. Ele estava sedento por poder. A fim de vender sua ideia, ele decidiu oferecer um farto banquete e o melhor vinho aos militares durante sete dias.

Ao final dos sete dias de festa, o ápice da sedução foi exibir as mulheres mais bonitas do harém do rei através da dança. Aquelas mulheres formosas e lindas dançaram diante dos militares bêbados, assegurando que eles estariam prontos para seguir o rei aonde ele os guiasse para batalha.

Como a cereja no bolo, o costume era trazer a rainha para dançar a fim de fechar o acordo. Não havia nada de incomum em o rei pedir à Rainha Vasti para dançar; o que era raro era ela recusar. Quando a rainha não apareceu, um dos militares exclamou,

A conduta da rainha se tornará conhecida entre todas as mulheres, e assim também elas desprezarão seus maridos e dirão: "O rei Xerxes ordenou que a rainha Vasti fosse à sua presença, mas ela não foi". Hoje mesmo as mulheres persas e medas da nobreza que ficarem sabendo do comportamento da rainha agirão da mesma maneira com todos os nobres do rei. Isso provocará desrespeito e discórdia sem fim.

Ester 1:17-18

Muito envergonhado, o Rei Xerxes decidiu se livrar de sua rainha. De repente, ele era um rei sem uma rainha. A fim de achar uma nova rainha, o palácio anunciou um "concurso nacional de beleza". Como consequência, cento e vinte e sete mulheres foram selecionadas das províncias para a consideração do rei. Ester, uma jovem moça órfã, foi escolhida como uma delas.

A atitude fatal da Rainha Vasti preparou o cenário para o mais alto propósito de Deus. Às vezes, quando acontecem coisas que você não pode explicar, essas ocorrências paradoxais nos dizem que outra pessoa está no controle. Como cristãos, não acreditamos que as coisas acontecem por acaso; ao contrário, acreditamos que Deus tem um plano para as nossas vidas. É interessante como Deus muitas vezes parece usar pessoas com um passado desfavorável – Ester era órfã. Mas Deus tem o hábito de pegar um ninguém e torná-lo em um alguém.

Do dia para a noite, Deus colocou a moça órfã, Ester, no palácio. Seu tio, Mardoqueu, que era um homem de Deus, a havia criado e treinado para a grandeza. Ela sabia que era especial mesmo se não tivesse sapatos bonitos e mesmo se vivesse numa pequena cabana. Mardoqueu a havia ensinado sobre seu relacionamento de aliança com Deus.

> **Deus tem o hábito de pegar um ninguém e torná-lo em um alguém.**

Muitas vezes, como Ester, nós somos inconscientes do plano de Deus para nossa vida. Ela provavelmente sonhava em ter uma família judia tradicional, levar uma vida normal, sem saber que estava destinada a coisas extraordinárias. Tenho certeza de que ela sonhava em dar as mãos ao seu noivo debaixo de uma oliveira e planejar a cerimônia de seu casamento. Enquanto ela planejava coisas do dia a dia, Deus planejava oportunidades sobrenaturais para ela.

Enquanto nós ficamos tão ocupados agarrando coisas menores, corriqueiras e medíocres, Deus está planejando coisas extraordinárias para o nosso futuro. Não deixe ninguém lhe dizer que você não pode alcançar as estrelas. Mesmo que você não chegue lá hoje, você possui a possibilidade de que, talvez amanhã, você chegará. *"Sabemos que Deus age em todas as coisas para o bem daqueles que O amam, dos que foram chamados de acordo com o Seu propósito"* (Rm 8:28).

Um homem de Deus estabeleceu as bases na infância de Ester para prepará-la para a missão de sua vida. Quando o rei selecionou sua nova rainha, dentre todas aquelas mulheres, ele escolheu Ester.

Ester havia sido treinada, psicologicamente e espiritualmente, para se tornar importante. Deus muitas vezes prepara um mentor ao longo do caminho para dar revelação, sabedoria, e direção. Ester teve seu Mardoqueu, Rute teve sua Moemi, e Maria teve sua Isabel. Timóteo tinha a fé de sua mãe e avó. Paulo escreveu: *"Recordo-me da sua fé não fingida, que primeiro habitou em sua avó Lóide e em sua mãe Eunice, e estou convencido de que também habita em você"* (2 Tm 1:5).

Você pode ser o mentor dos seus filhos. O que você declara nas vidas dos seus filhos hoje pode prepará-los para grandeza inesperada e oportunidades ilimitadas.

Deus tinha um propósito para a jovem Ester maior do que ser a vencedora do concurso do rei. Antes de essa jovem moça ser selecionada em sua província para participar da competição, ela não sabia o protocolo apropriado: ela não havia aprendido como se comportar corretamente à mesa; ela não sabia como fazer reverência; ela não sabia as roupas certas de usar; ela não mostrava comportamento condizente à realeza. Entretanto, Deus escolheu essa moça órfã e ignorante, que veio direto das montanhas. Como a Cinderela, seu pé "coube no sapato de vidro", e ela encontrou favor com o rei.

O rei escolheu Ester, não porque ela era judia ou porque teve uma revelação espiritual. Ele estava simplesmente usando seus sentidos, inconsciente de que Deus estava guiando seus olhos.

Você sabia que Deus pode usar pessoas que não são espirituais? Alguém já lhe disse: "Eu não sei por que estou fazendo isso por você;

não sei por que estou quebrando as regras por você"? Elas estão dizendo a verdade – não sabem por que o estão ajudando. Não podem explicar inteligivelmente por que querem ajudá-lo. Deus irá inclusive usar seus inimigos para abrir um caminho para você quando você estiver na vontade Dele. Provérbios 16:7 diz: *"Quando os caminhos de um homem são agradáveis ao Senhor, Ele faz com que até os seus inimigos vivam em paz com ele".*

Uma vez que Ester já estava no palácio, ela teve que passar por um processo de purificação. Junto com o chamado de Deus vem "o processo". Nós gostamos de ser chamados e escolhidos por Deus, mas todo chamado requer disciplina.

Primeiramente, Ester teve que se banhar em óleo por seis meses. Na Bíblia, óleo significa o Espírito Santo. Certamente, seus pés eram cheios de calos por andar descalça nos montes e nas montanhas. Ela tinha que se banhar em óleo a fim de amaciar a pele entre os dedos e as solas dos pés. Antes de Deus poder usar você, Ele tem que deixar você de molho no Espírito Santo para retirar as áreas ásperas da sua vida.

> **Nós gostamos de ser chamados e escolhidos por Deus, mas todo chamado requer disciplina.**

Essa mulher iria determinar o destino de sua nação. Ela tinha que ser ungida. Ela estava afetando gerações futuras. A Rainha Vasti era uma mulher independente preocupada em fazer suas próprias coisas, mas Ester compreendeu que esse não era o caso dela; tinha a ver com seguir o plano de Deus.

Ao banhar-se em óleo todos os dias durante seis meses, Ester representava uma mulher de Deus tornando-se extremamente sintonizada com o Espírito Santo. Mulheres, não achem que você são esquisitas porque são espiritualmente sensíveis. Vocês não são alguém que possui somente uma mente e um corpo. Vocês também possuem um espírito. Portanto, vocês são espirituais, não apenas bonitas. Podem usar um lindo vestido e maquiagem, mas ainda ter a unção do Espírito Santo por baixo. Não se envergonhem da sua espiritualidade.

Homens, às vezes seus amigos irão ridicularizar vocês por serem espiritualmente conscientes. Eles talvez zombem da sua sensibilidade e da sua compaixão enquanto tentam vocês a voltarem para seu passado frio, desligado, e autossuficiente. Pergunte a si mesmo, *Como isso está funcionando para os meus chamados "amigos"?* Lembre-se de que é preciso mais coragem e virilidade para permanecer sensível às coisas de Deus do que para fugir Dele e viver a vida por conta própria.

O segundo passo do processo de purificação de Ester era ficar perfumada. Você sabe o que o perfume causa. Ele faz com que fiquemos cheirosos; atrai pessoas a nós. Na Bíblia, o incenso representa nosso louvor a Deus. Havia um altar de incenso no tabernáculo do Antigo Testamento. Quando o sacerdote derramava o perfume nas brasas quentes do altar de incenso, a fragrância ia direto para o Céu. A Bíblia diz que Deus recebia a oferta de incenso como um aroma agradável de louvor (ver Levítico 2:2). É claro, sob a nova aliança, não temos que borrifar incenso no fogo. Tudo que temos que fazer é abrir nossa boca e dar a Deus o fruto dos nossos lábios, que é a fragrância de louvor em Suas narinas (ver Hebreus 13:15).

Quando louvamos a Deus verbalmente, é como borrifar o perfume ou colônia mais caro; chega ao Céu e cria um aroma que chama a atenção de Deus. Louvor é mais do que fazer barulho. Quando O louvamos, convidamos a presença de Deus, a calma de Deus, e a serenidade de Deus para nossa vida.

Louvor é chamado de "óleo de mirra". Lembra-se dos sábios que foram a Belém quando Jesus nasceu? Eles levaram incenso e mirra, que denotam louvor e adoração. Aprenda a ser um adorador.

A fragrância de Ester alcançou o rei antes dela. A razão pela qual o rei estendeu seu cetro a Ester foi que ela encheu a sala do trono com seu perfume de louvor antes de receber acesso à presença do rei. Nós, também, chegamos à presença de Deus primeiro pelo aroma do nosso louvor.

Não é de se estranhar que o adorador, o salmista Davi, disse: *"Entrem por Suas portas com ações de graças, e em Seus átrios, com louvor; deem-Lhe graças e bendigam o Seu nome"* (Sl 100:4). Ester foi escolhida, treinada, ungida, e perfumada.

Quando louvamos, adquirimos um sentido do que Deus quer que façamos. Com o louvor vem a profecia. Com o louvor vem a direção. Com o louvor vem o plano de Deus para a sua vida.

Tenho certeza de que após seis meses de banhos de espuma, massagens, pedicures, manicures, mimos, da opulência do palácio, e do estilo de vida luxuoso que foram fornecidos a Ester, ela começou a morrer um pouco espiritualmente. Se você não tiver cuidado, talvez se torne tão mimado e espiritualmente confortável que esquecerá que existe uma razão divina de estar onde você está. Agora não é tempo de ficar confortável! Existe ainda um plano para aniquilar nossos filhos, nosso lar, nosso casamento, e nossa nação. Você tem um chamado de Deus sobre a sua vida; você tem um compromisso com o destino.

> **Com o louvor vem a profecia, a direção e o plano de Deus para a sua vida.**

Enquanto Ester ficava confortável e quase se esquecia de seu propósito, Mardoqueu se vestia de pano de saco (ver Ester 4:1). Pano de saco é uma vestimenta feia. Ele ficou feio. De vez em quando temos que "ficar feios" para chamar a atenção de Deus. Temos que nos afligir com jejum e oração.

Mardoqueu lembrou Ester de que ela não estava lá apenas para ficar bonita e vestir belas roupas. Não, havia uma missão!

Não pense que pelo fato de estar no palácio do rei, você será a única entre os judeus que escapará, pois, se você ficar calada nesta hora, socorro e livramento surgirão de outra parte para os judeus, mas você e a família de seu pai morrerão. Quem sabe se não foi para um momento como este que você chegou à posição de rainha?

Ester 4:13-14

Não se esqueça do seu propósito. A toda Ester por aí, existe um complô para destruir sua família. Todos nós gostamos de ser mimados, mas há uma batalha para lutar e uma vitória para ganhar. Existe uma causa!

Ester recebeu a mensagem de Mardoqueu, e enviou uma palavra de volta, dizendo, em outras palavras: "Minha visão ficou um pouco embaçada por um tempo. Viajei, mas agora estou de volta no caminho certo. Tomei uma decisão acerca do meu propósito. Eu sei o que Deus me chamou para fazer, e eu tenho que tomar essa atitude". Ester disse: *"Se eu tiver que morrer, morrerei!"* (Et 4:16). O resultado foi que Ester preservou sua raça.

"Quem sabe se não foi para um momento como este que você chegou [a este reino]*?"* É hora de você tomar sua atitude. Até agora você tem vivido de aparência. Senhores, vocês ficam nos fundos da igreja distraídos e desligados. Senhoras, vocês sentam na igreja como modelos. Agora, esse tempo acabou. Talvez, alguns anos atrás, você podia se permitir brincar de ser de Deus, mas agora é a sua vez. Não esqueça o seu propósito. Mova-se e cumpra-o – submetam-se à vontade de Deus. Sejam ungidos com o óleo do Espírito Santo; sejam perfumados com louvor apaixonado por Deus. Vocês vieram ao Reino para um momento como este. Jesus orou: *"Não seja feita a Minha vontade, mas a Tua"* (Lc 22:42). Ore e tenha expectativa de que Deus dará a você o plano certo para a sua vida.

Esteja sensível às interrupções divinas; quando Deus faz uma coisa nova não é como a antiga. A mulher de Ló aparece apenas uma vez no Antigo Testamento. Por que Jesus nos disse para nos lembrarmos dela? (ver Lucas 17:32). Foi porque ela se recusou a romper com seu passado. Ele virou um monumento sem vida. Pare de ensaiar o seu começo, e escreva o restante da sua história. Em Isaías, Deus disse ao Seu profeta: *"Vejam, estou fazendo uma coisa nova! Ela já está surgindo!"* (Is 43:19). Se você tem medo do futuro, lembre-se de que Ele nunca falhou com você.

PARTE III

Desvendando o Discernimento

CAPÍTULO SETE

Espere no Senhor

Aquele que crer não se apresse.
Isaías 28:16 (ACF)

Durante uma época em 2005, eu me envergonhava de dizer a alguém de onde eu era. Todas as vezes que eu assistia ao noticiário, tudo que eu via e ouvia era: "a Noiva Fugitiva de Gainesville, na Geórgia". Era constante. Meu coração doía por aquelas famílias, e pela própria noiva, já que um momento tão pessoal e traumático de repente se tornou tão público.

A verdade é que existem muitos casamentos ruins nesse mundo porque as pessoas se apressaram a casar. Havia pressão ou medo ou emoção, e elas simplesmente seguiram em frente e casaram. Pessoas tinham dito ao casal de Gainesville: "Vocês precisam esperar". Conselheiros lhes disseram: "Vocês precisam esperar". Pessoas que eles respeitavam espiritualmente lhes disseram: "Vocês precisam esperar". Deixe-me dar minha opinião: se você está confuso sobre se quer ou não casar com alguém a ponto de estar pronto para fugir, você não precisa casar com aquela pessoa – jamais!

Em 1 Samuel 13, lemos sobre um homem que tinha dificuldade de esperar. Saul era o rei da nação de Israel, que estava sendo atacada pelo exército filisteu. O profeta Samuel disse a Saul que guerra de fato estava vindo. Através de Samuel, Deus instruiu Saul a ir ao templo e esperar por sete dias. Depois disso, Samuel viria e ofereceria um sacrifício, e então Deus iria com eles para a batalha. Simples o bastante, certo? Errado.

A Bíblia diz:

Ele esperou sete dias, o prazo estabelecido por Samuel; mas este não chegou a Gilgal, e os soldados de Saul começaram a se dispersar. E ele ordenou: "Tragam-me o holocausto e os sacrifícios de comunhão". Saul ofereceu então o holocausto.

1 Samuel 13:8-9

Logo depois disso, Samuel chegou e Saul saiu para saudá-lo. Samuel perguntou o que Saul havia feito. Ele respondeu:

Quando vi que os soldados estavam se dispersando e que não tinhas chegado no prazo estabelecido, e que os filisteus estavam reunidos em Micmás, pensei: Agora, os filisteus me atacarão em Gilgal, e eu não busquei o Senhor. Por isso senti-me obrigado a oferecer o holocausto.

1 Samuel 13:11-12

Você entende o que Saul estava dizendo? "As pessoas estavam esperando que eu fizesse algo. Você não estava aqui. Nada estava acontecendo. Eu não ia simplesmente ficar sentado aqui. Eu tinha que fazer alguma coisa. As pessoas estavam esperando que eu fizesse algo".

A resposta de Samuel foi:

Você agiu como tolo, desobedecendo ao mandamento que o Senhor, o seu Deus, lhe deu; se você tivesse obedecido, Ele teria estabelecido para sempre o seu reinado sobre Israel. Mas agora seu reinado não permanecerá; o Senhor procurou um homem segundo o Seu coração e o designou líder de Seu povo, pois você não obedeceu ao mandamento do Senhor.

1 Samuel 13:13-14

Você consegue enxergar o que está acontecendo aqui? Se Saul tivesse simplesmente esperado como havia sido instruído, não haveria necessidade de Davi. O Senhor teria estabelecido Seu reino com Saul.

Deus tem um tempo perfeito e uma maneira correta para todas as coisas. Podemos nos colocar em apuros quando não nos treinamos para esperar Nele. *"Aquele que crer não se apresse"* (Is 28:16, ACF). Se você crê que Deus quer somente o que é melhor para a sua vida, e O está seguindo, então, no fim das contas, Ele está no controle da sua vida – da sua família, da sua carreira, das suas finanças, das suas decisões, de tudo!

> **Podemos nos colocar em apuros quando não nos treinamos para esperar no Senhor.**

Em outras palavras, não apresse as coisas! Não faça nada porque as pessoas estão pressionando você. As pessoas podem estragar suas vidas quando mergulham nas coisas apesar de, em seus corações, escutarem, *Aguenta e Espere.*

"Aquele que crê não se apresse." Aquele que crê não irá mergulhar de cara em nada.

Mas aqueles que esperam no Senhor renovam as suas forças. Voam bem alto como águias.

Isaías 40:31

Espere no Senhor. Seja forte! Coragem! Espere no Senhor.

Salmos 27:14

ESPERANDO FINANCEIRAMENTE

As pessoas hoje têm que ter tudo agora. Anos atrás, comprar algo no crédito era na verdade considerado algo ruim. Era o que pessoas sem dinheiro faziam. Hoje em dia, as pessoas sequer considerariam poupar dinheiro primeiro para poder efetuar uma grande compra depois. Por que esperar quando podemos ter agora?

Tenho ouvido pessoas dizerem: "Bem, eu realmente não sinto paz sobre essa casa, mas quando andamos dentro dela sentimos uns arrepios. É a casa que sempre quisemos". Mas você tem os recursos para poder pagar por essa casa? Pode pagar as parcelas todo mês?

Talvez agora não seja o tempo certo. Isso significa que você nunca poderá tê-la? Não, mas pode ser que agora não seja a hora certa. Lembre-se: *"aquele que crê não se apresse"*.

As pessoas tomam decisões tolas tentando não serem deixadas para trás pelo vizinho, só para descobrirem que, quando alcançam o vizinho, estão endividadas até o pescoço. As pessoas tomam decisões financeiras tolas porque não usam o discernimento; não esperam no Senhor. Espere e junte seu dinheiro. Seja paciente. Não tente conseguir tudo agora. Espere!

Não Force

O tempo de Deus é perfeito. Se você está sendo pressionado, essa é a hora em que deve recuar. É preciso orar e jejuar. É necessário ir à Palavra. Depois, após ter orado com o seu cônjuge, jejuado, e ido à Palavra, você precisa conversar com alguns amigos cristãos, ou talvez um pastor, e dizer: "Ajude-me a orar sobre isso". *"Pelo depoimento de duas ou três testemunhas"* (2 Co 13:1) toda grande decisão da sua vida deve ser confirmada. Não deve ser somente você. Você não deve simplesmente entrar por qualquer porta aberta.

Deus não empurra; Deus guia. Deus não força; Deus guia. Não comprometa o melhor de Deus ao se tornar impaciente tentando fazer algo acontecer na sua vida que somente Ele pode liberar. Penso em quantos homens de Deus eu conheci que fracassaram porque se tornaram impacientes. Eles começaram a pensar, *As regras não se aplicam mais a mim. Posso estar no controle das coisas.* Eles escalaram alturas inacreditáveis, alcançando multidões de pessoas, mas em algum lugar perderam o contato com a realidade e correram na frente de Deus.

Foi isso que aconteceu com Saul. Você tem que ter cuidado quando Deus o abençoa. Você pode chegar à posição onde acredita que as regras, a Palavra de Deus, não se aplicam mais a você. Anos antes, Deus havia falado com Saul através do profeta Samuel, dizendo: "Saul, não ofereça o sacrifício". Mas o medo de Saul superou sua fé na Palavra de Deus, e ele resolveu a questão com suas próprias mãos.

Não importa quanto dinheiro você tem. Não importa quanto poder você tem. Não importa quanta influência você possui. Não importa que sucesso você possui. Se não usar o discernimento, se não esperar no Senhor, é apenas uma questão de tempo até que cheguem as consequências! Você satisfará seus próprios desejos e perderá sua sensibilidade espiritual. Foi isso o que aconteceu com Saul.

Se você faz parte do mundo dos negócios, precisa entender isso. Quando Deus o abençoa com prestígio, posição e poder, você precisa de discernimento espiritual para saber quando você começa a se afastar e achar que as regras não se aplicam mais. Você precisa continuar a esperar no Senhor e não recorrer a atalhos ilegais ou imorais para aumentar o resultado final.

ENFRENTANDO SEU GOLIAS

Aqui está a razão pela qual isso é tão importante. Enquanto Saul estava preocupado em fazer as coisas do jeito dele – oferecendo seus próprios sacrifícios, sem ouvir ninguém, sem esperar em Deus – Golias estava a caminho. Saul nunca havia encontrado Golias antes, mas Deus sabia que Golias estava vindo. Dois capítulos depois, Golias chegou e encontrou Saul tremendo em sua tenda. Por quê? Quando começamos a fazer as coisas do nosso jeito, quando não esperamos no Senhor ou não buscamos Seu conselho, Golias aparece e não temos confiança – nenhuma coragem. Saul não estava pronto para lutar contra Golias. A Bíblia diz que simplesmente *"ao ouvirem as palavras do filisteu, Saul e todos os israelitas ficaram atônitos e apavorados"* (1 Sm 17:11). Ele estava com medo porque não havia aprendido a esperar no Senhor. Felizmente, havia um menino chamado Davi que sabia como esperar no Senhor, adorá-Lo, e louvá-Lo, então quando Golias veio, ele não teve medo.

Eu estou simplesmente lhe dizendo o seguinte: Golias está vindo. Você não pode se dar ao luxo de ficar desconectado de Deus. Você não pode se dar ao luxo de ignorar as convicções do Espírito Santo e não esperar no Senhor. Passe tempo com Ele. Busque a Sua face. Não se engane, Golias está vindo. Você diz: "Ah, eu já passei por isso. Ah, deixa eu lhe contar meu testemunho". Pode crer, outro Golias virá! Eles vêm em temporadas – o Golias de algo errado com um dos seus filhos, o Golias financeiro, o Golias de sua carreira, o Golias de sua saúde. Eu não sei qual será o seu Golias, mas eu sei que ele está vindo e você não irá querer estar tremendo em sua tenda quando ele chegar. Você não irá querer ser frio e indiferente. Você não irá querer estar ignorando tudo que Deus lhe disse para fazer quando seu Golias vier.

> **Você não irá querer estar ignorando tudo que Deus lhe disse quando seu Golias vier.**

A Bíblia declara que Golias era uma figura dominadora, *"um guerreiro desde a mocidade"* (1 Sm 17:33). Isso significa que muitos homens haviam tentado derrotá-lo na batalha, mas nenhum jamais havia conseguido. Quando a crise vier, um medo virá ao seu coração. Mas se você estiver realmente em contato com Deus, algo maior nasce dentro de você e diz: "Eu não entrarei em pânico. Não temerei. Não terei medo. Deus está comigo. Ele está no trono. Ficará tudo bem".

Há pessoas lendo este livro que estão indo rápido e descontroladamente. Estão tentando encaixar algo que não se encaixa. Você está tentando forçar a peça para encaixar. Por fim, você consegue fazer encaixá-la mais ou menos, mas agora há outra peça que não irá se encaixar. Ela estraga todo o quebra-cabeça. Assim também é a sua vida! Se não encaixar, não force! Se não parece certo, espere no Senhor porque *"aquele que crer não se apresse"*.

Esperar no Senhor significa que você reconhecerá Sua vontade e Sua voz. Isso não quer dizer que você ficará paralisado analisando tudo até a morte. Não quer dizer que você está esperando um anjo aparecer ou pedindo algum tipo de sinal.

Descanse no fato de que Deus sabe como falar com seus filhos e que *"toda questão precisa ser confirmada pelo depoimento de duas ou três testemunhas*" (2 Co 13:1). Espere Nele e essas testemunhas aparecerão. Mesmo que seja uma boa oportunidade, certifique-se de que é uma oportunidade de Deus!

CAPÍTULO OITO

Vigiando os Momentos de Descuido

Bendito seja o Senhor, o Deus de Israel, que hoje a enviou
ao meu encontro. Seja você abençoada pelo seu bom senso
e por evitar que eu hoje derrame sangue e me vingue com
minhas próprias mãos.
1 Samuel 25:32-33

É uma típica manhã de domingo no lar da família Franklin. Estou de pé e fora de casa às cinco da manhã, fazendo os acertos finais da minha pregação. Cherise está em casa ocupada vestindo cinco crianças e deixando-as prontas para ir à igreja. Você já tentou arrumar sozinho cinco crianças para ir à igreja, e ainda se arrumar? Às vezes ela sente como se estivesse num treinamento para a batalha do Armagedom!

Numa manhã de domingo, eu recebi uma ligação desesperada. "Pra mim chega", ela disse. "Não aguento mais. Cheguei ao meu limite". Depois que todas as crianças estavam vestidas, Drake, nosso filho de sete anos, derramou algo em toda sua roupa. Connar, nossa filha de oito anos, não conseguia achar seus sapatos em lugar nenhum. Courteney e Caressa, nossas adolescentes, estavam brigando sobre quem iria usar que blusa. Caroline, nossa filha de doze anos, havia comido muito doce na noite anterior e estava se sentindo mal.

Não há nada como a alegria de se arrumar para estar na casa do Senhor! Quando Cherise chegou à igreja, vinte minutos atrasada, ela estava tão esgotada que gostaria de ter ficado na cama e se escondido de baixo do edredom!

O "Momento de Descuido"

Você já passou por isso? Se sim, você sabe como Davi se sentiu quando teve o que eu chamo de um "momento de descuido".

Davi foi ungido rei durante o reinado de Saul sobre Israel. Porém, ele não foi ao trono imediatamente. Ele foi ungido aos dezessete anos de idade, mas não foi nomeado até que tivesse cerca de trinta anos.

Enquanto o trigésimo aniversário de Davi se aproximava, o relógio fazia tique-taque e nenhuma das promessas de Deus havia se tornado realidade em sua vida. Como Deus pode dizer uma coisa, mas as circunstâncias da sua vida dizerem o contrário? Muitas vezes, antes de alcançar seu sonho, você experimentará o oposto do que deseja. Abraão sonhava com a chegada de Isaque, o filho prometido; mas primeiro experimentou Ismael, o filho problemático. Os filhos de Israel sonhavam com uma terra que manava leite e mel, mas primeiro experimentaram o deserto sem comida e sem água. Jacó sonhava com uma linda noiva chamada Raquel, mas primeiro foi enganado a se casar com Léia.

Para piorar as coisas, Davi estava liderando 600 homens que estavam endividados, angustiados, e descontentes. Davi mostrou-se à altura de treiná-los para formarem um exército poderoso.

Certo dia, eles se aproximaram da vinha de um homem chamado Nabal, um homem rico casado com uma mulher muito bonita e inteligente chamada Abigail. Apesar de Nabal ter agido de forma tola, Abigail usou seu discernimento para honrar Davi, o homem de Deus (ver 1 Samuel 25:2-42). Os homens de Davi decidiram proteger e guardar a vinha de Nabal e, ao invés de pedirem pagamento em dinheiro, eles pediram comida para repor suas forças. Nabal agiu conforme seu nome, que significa "insensato". Ele se recusou a lhes dar comida e, depois, para piorar, acusou Davi de ser um servo que havia fugido de seu senhor Em outras palavras, ele chamou Davi de um "ninguém". Nabal insultou Davi ao recusá-lo.

A fim de compreender a reação de Davi, precisamos entender o ponto crucial em que ele estava vivendo naquele momento. Davi representa homens que estão em transição em suas vidas; homens que estão perto de alcançar seus sonhos, ainda que essas realizações pareçam tão distantes. Eles estão vivendo numa promessa não cumprida! Davi devia estar pensando, *Será que Deus realmente disse que eu iria reinar como rei, ou eu só estava imaginando coisas?*

Durante treze anos, Davi estava contando com aquela promessa. Ele havia crido em Deus em cada passo do caminho, mas agora havia chegado ao seu limite. Nesse momento sensível e delicado, apareceu Nabal. Em meio à frustração espiritual de Davi, o que Deus havia dito sobre seu futuro não estava em primeiro plano em sua mente. Tudo em que ele podia pensar naquele momento era sua localização e sua fome.

Naquele momento de descuido, Davi reuniu 400 de seus guerreiros mais ferozes e disse: *"Ponham suas espadas na cintura"* (1 Sm 25:13). E eles se prepararam para matar Nabal e toda sua família.

Nabal estava prestes a sentir a ira de Davi. Frustrado por sequer ter sinal das promessas e do trono que Deus havia lhe prometido, Davi perdeu a razão. Quantos de nós podem se relacionar a isso? Pilhas sem fim de roupas para lavar, crianças gritando, patrões antipáticos, então alguém corta você no trânsito e você só quer gritar: "Eu não aguento mais!" Você alcançou seu limite! Está tendo um momento de descuido.

Nunca sabemos quando irá acontecer. As emoções humanas são imprevisíveis. E os cristãos certamente não estão livres desses momentos em que as pressões da vida fazem surgir nossas emoções mais cruas e profundas. No entanto, tudo que é preciso é um momento de descuido e você pode perder sua reputação, seu testemunho, e até seu ministério.

> Um momento de descuido e você pode perder sua reputação, seu testemunho, e seu ministério.

Numa noite de quarta-feira algum tempo atrás, experimentei um momento de descuido. Eu estava levando as crianças para casa depois do nosso culto de quarta-feira à noite. Cherise estava fora da cidade, e eu estava sozinho com todos os cinco filhos. Todos finalmente estavam presos aos seus assentos no carro e iniciamos nosso trajeto para casa quando eles me informaram que estavam morrendo de fome.

Paramos num restaurante *fast-food* no caminho, aquele que tem grandes arcos amarelos! Na quarta-feira anterior, havíamos parado no mesmo restaurante e passado pelo *drive-thru* onde eu havia pedido cinco combos infantis de *cheeseburger* sem cebola e sem picles. Dirigimos de volta para casa e, quando as crianças abriram seus lanches, havia cebola para todo o lado. Todas elas tiveram um ataque e foram para a cama com fome, e eu me senti frustrado.

Então, lá vamos nós de novo na noite de quarta-feira seguinte, ao mesmo restaurante, ao mesmo *drive-thru*, a mesma atendente. Eu abaixei meu vidro e comecei a falar com a pequena caixa. Eu fui extremamente legal, é claro, porque sou o Pastor Franklin – e porque alguns dos meus membros estavam na fila atrás de mim!

Eu implorei à pequena caixa: "Por favor, senhora, sem cebolas. Isso é extremamente importante: sem cebola e sem picles. Pedimos isso na semana passada, mas não foi o que recebemos. Por favor, cuide disso essa semana. Certifique-se de que nossos *cheeseburgers* não tenham cebolas nem picles".

Ela disse: "Eu cuidarei disso".

Nós seguimos em frente e recebemos nossos cinco lanches. As crianças perguntaram: "Podemos comer no carro, papai?" "Claro que não", eu respondi, "vamos comer em casa. Não vou ficar com aquela bagunça no meu carro por mais um mês!"

Chegamos em casa, passamos pela porta com duas ou três das crianças gritando como se estivessem morrendo de fome. Eu abri o primeiro sanduíche e chequei – sem cebola, e sem picles... e sem carne! Havia apenas uma fatia de queijo com um pingo de ketchup e mostarda! Peguei o segundo sanduíche, idem! Olhei o terceiro sanduíche, a mesma coisa! A essa altura, fumaça estava saindo dos meus ouvidos e meus olhos estavam se revirando na minha cabeça como a menina em *O Exorcista*. Eu estava pronto para dizer a alguém o que ele podia fazer com aqueles sanduíches!

Eu liguei para o restaurante e exigi: "Eu quero um gerente! Quem é o dono desse restaurante? Eu quero um nome e um número de telefone!" As meninas me apoiaram bastante: "Pega eles, papai! Pega eles, papai! É isso mesmo, papai!" E ali, no meio do meu ataque caiu a ficha de que eu havia acabado de estar no púlpito naquela noite, e agora eu estava prestes a fazer um escândalo. Talvez eu não fosse matar alguém, como Davi, mas não foi Jesus quem disse: *"Vocês ouviram o que foi dito ...: 'Não matarás', e 'quem matar estará sujeito a julgamento'. Mas Eu lhes digo que qualquer que se irar contra seu irmão estará sujeito a julgamento"* (Mt 5:21-22)? Opa.

Na vida de Davi, no momento em que ele estava prestes a matar Nabal, Deus enviou uma mulher de grande discernimento entrar na sua vida. É sempre bom ter pessoas com discernimento a nossa volta. A sabedoria de Abigail não tinha nada a ver com sua beleza, sua educação, ou o fato de que ela era casada com um homem rico. Ela tinha discernimento porque temia o Senhor, e conseguiu pensar rápido para neutralizar uma situação explosiva em sua casa. Ela acreditava no que Deus havia dito sobre Davi – que ele verdadeiramente se tornaria rei – então ela permaneceu firme na Palavra de Deus para salvar sua família. Nessa época crítica e de transição na vida de Davi, ele precisou deparar-se com uma Abigail.

É sempre bom para nós conhecer uma Abigail, mas especialmente quando estamos em transição. Quando estamos tentando construir um pequeno negócio, mas não conseguimos o empréstimo. Quando estamos contando com um aumento de salário, mas ainda não o recebemos. Quando estamos procurando um emprego, mas não encontramos um. Quando temos que nos mudar, mas não conseguimos vender a antiga casa. Quando estamos perseguindo nosso sonho, mas não conseguimos alcançar o topo. Essas são épocas perigosas, difíceis - épocas em que precisamos de uma Abigail para cruzar nosso caminho.

Quando Abigail ouviu que Davi estava vindo para destruir sua família, ela não desmoronou diante de uma crise iminente. Ao contrário, ela preparou cestas de comida. Ela sabia através da Palavra de Deus: *"A resposta calma desvia a fúria, mas a palavra ríspida desperta a ira"* (Pv 15:1). Ela cuidadosamente escolheu o momento certo e foi encontrar Davi. Quando ela chegou, encontrou-o com uma refeição pronta. Ela o alimentou, o acalmou, e o fez relaxar.

Mulheres, como vocês lidam com o temperamento de um homem que está passando por uma transição? Um homem que parece tão distante de seus desejos, que está frustrado, ferido, e parece ter perdido seu sonho? Como vocês lidam com um homem quando ele não tem dinheiro suficiente? A resposta não é o divórcio, nem fazer suas malas e ir para a casa da sua mãe. Você precisa pedir a Deus para lhe dar discernimento e uma língua sábia. Ser uma verdadeira mulher de Deus é ser capaz de falar com uma língua sábia a um homem em transição. Você pode ser a restauradora do sonho dele.

A primeira coisa que Abigail fez quando encontrou Davi foi honrá-lo. Acredite, ele não parecia merecer qualquer honra. Ali estava um homem que vivia numa caverna com 600 rejeitados. Ele não tinha bens ou riquezas; tudo que ele tinha era uma promessa de Deus. Mas ela mostrou honra àquele homem sujo, fedorento, irado e irracional.

> *Quando o Senhor tiver feito a meu senhor todo o bem que prometeu e te tiver nomeado líder sobre Israel.*
>
> *1 Samuel 25:30*

Ao referir-se a ele como *"senhor"*, ela reconheceu que estava na presença de um rei. Davi não parecia um rei. Não estava usando uma coroa em sua cabeça, mas Abigail disse, efetivamente: "Eu creio no que Deus diz sobre você". Ela estava usando a palavra de Deus para salvar sua família e seu futuro. Ela continuou usando a Palavra, e a Palavra entrou no interior de Davi, e acabou com o mau humor, a violência, e a raiva dele.

Muitas vezes, não queremos usar a promessa que Deus nos deu – Sua Palavra. Preferimos usar nosso intelecto e nossa esperteza. Preferimos usar a manipulação e o controle. É por isso que muitos casamentos são infelizes

– não há amor no lar. Eu desafio você a perguntar a Deus o que Ele pensa sobre a pessoa ao lado da qual você está dormindo. Pergunte a Deus o que Ele diz sobre seu cônjuge. Nós desistimos rápido demais! Você pode ser uma pessoa de fé como Abigail, ou tola como a esposa de Jó, que aconselhou seu marido a amaldiçoar a Deus e morrer (ver Jó 2:9).

A Palavra de Deus é incapaz de mentir. Então, continue falando dela até que a Palavra se torne carne. Lembre-se de conversar com o rei que há dentro do seu marido, e o rei se levantará. Chame a rainha que há em sua esposa, e a rainha emergirá. Davi disse: *"Bendito seja o Senhor, o Deus de Israel, que hoje a enviou ao meu encontro. Seja você abençoada pelo seu bom senso e por evitar que eu hoje derrame sangue e me vingue com minhas próprias mãos"* (1 Sm 25:32-33).

Haverá épocas na sua vida em que você sentirá vontade de desistir do sonho que Deus lhe deu. Antes de destruir seu destino fazendo algo do qual se arrependerá, Deus sempre enviará o Espírito Santo, assim como enviou Abigail, para deter você e lembrar-lhe do que Deus disse sobre seu futuro. *"Porque sou eu que conheço os planos que tenho para vocês"*, diz o Senhor, *"planos de fazê-los prosperar e não de lhes causar dano, planos de dar-lhes esperança e um futuro"* (Jr 29:11).

SENDO A VOZ DE DISCERNIMENTO PARA OUTROS

Existem pessoas na sua vida que estão em transição? Assim como Davi, elas estão naquele lugar no meio em que parecem não conseguir chegar onde estão tentando ir? Peça a Deus para lhe dar discernimento e uma língua sábia. Você pode ser a voz de discernimento, falando a Palavra de Deus no "momento de descuido" delas, impedindo-as de jogar seu destino fora. Qualquer um pode confiar em si mesmo quando está no topo do mundo, mas aqueles com o dom de discernimento levantarão a voz no vale, chamando as coisas que não existem como se existissem. O crente com discernimento enxerga potencial nas pessoas quando elas mesmas não enxergam. Ore para que Deus lhe dê as palavras certas para falar com aqueles em transição, para ajudar a restaurar os sonhos deles.

Nabal teve uma morte prematura três semanas depois. Davi se tornou um grande rei. Davi eventualmente casou-se com Abigail. Ao salvar o futuro de Davi, Abigail também assegurou o seu.

Ao olhar para trás e pensar no meu ministério, minha mente passa por muitos anos e para em dois ou três momentos críticos em que partir parecia mais fácil do que ficar. Durante uma época especialmente difícil, eu estava muito desencorajado. Divisões estavam acarretando confusão em nossa igreja. Algumas pessoas nos deixaram, pessoas que pensávamos que nunca partiriam. Parecia que os problemas não paravam de vir, um após o outro. Todas as coisas pelas quais eu havia trabalhado pareciam estar por um fio. Foi a época mais sombria do meu pastoreado.

> **O crente com discernimento enxerga potencial nas pessoas quando elas mesmas não enxergam.**

Para piorar, certo dia enquanto eu dirigia de volta para casa, bati na traseira de um carro em frente a uma placa de parada obrigatória. Apesar de ter sido apenas uma leve colisão, eu senti como se eu não conseguisse fazer nada direito. Assim que entrei pela porta da minha casa, o telefone tocou. Era o dono do carro no qual eu havia batido. Sua primeira pergunta foi: "Você é aquele cara que é pastor daquela igreja grande?" Ele me informou que, do nada, seu pescoço e suas costas estavam doendo. Uma ação judicial parecia iminente. Naquele momento, algo dentro de mim desmoronou.

Após lidar com os problemas da igreja por meses, caiu a última gota d'água que fez meu copo transbordar, e eu comecei a chorar. Eu me considero uma pessoa forte e confiante. Eu não sou de desistir. Mas, naquele momento, eu havia alcançado o fim das minhas forças.

Eu nunca me esquecerei de como minha esposa instantaneamente discerniu minha vulnerabilidade. Naquele momento crítico, ela tomou o controle da situação. Imediatamente pegou o telefone e lidou com a crise, acalmando-a com destreza. Ela me falou de forma confiante sobre o meu futuro. Quando terminou de falar comigo, senti como se eu pudesse matar um leão.

Que estranho. Eu havia sempre sido a pessoa que dava esperança e encorajamento aos outros através da minha pregação. Porém, dessa vez, Deus queria me encorajar.

Eu sei sem nenhuma dúvida que se eu não tivesse sentido a força da minha esposa naquele momento, se ela não tivesse enfrentado a crise e se tornado a voz de discernimento de Deus para mim sobre o meu futuro, eu teria deixado meu ministério em derrota.

> **Nunca subestime o poder que Deus colocou em você para discernir para seus amados.**

Nunca subestime o poder que Deus colocou em você para discernir as épocas pelas quais seus amados estão passando. Não abafe aquela voz no seu interior, pois ela pode ser a voz que restaura os sonhos deles.

Agora, anos depois, milhares de pessoas frequentam a *Free Chapel*. Temos um terreno de 60 hectares, um lindo santuário novo, e programas comunitários que ganham milhares de almas. Mas tudo isso cambaleou naquela tarde dependendo do discernimento da minha esposa. Quando reflito sobre o discernimento e a força de Cherise exibidos naquele dia no meu momento de descuido, me sinto como Davi quando ele disse a Abigail: *"Bendito seja o Senhor, o Deus de Israel, que hoje a enviou ao meu encontro"* (1 Sm 25:32).

O Espírito Santo falará com você quando a sua família precisar de encorajamento. Sua língua pode edificar ou quebrar seus amados. As impressões que o Espírito Santo lhe dá sobre eles têm uma razão. Ore, e espere pelo momento certo da vida deles em que Deus abrirá a porta para você falar a eles. O discernimento fará com que você saiba quando recuar e dar-lhes espaço, e quando declarar a verdade que lhe foi revelada.

Se a minha esposa tivesse me colocado para baixo durante meu momento de descuido, não ouso pensar onde minha família ou meu ministério estariam hoje. Agradeço a Deus porque eu tive uma Abigail na minha vida; eu tive uma voz de discernimento.

CAPÍTULO NOVE

Revelando o Discernimento com Oração

Eu lhe darei as chaves do Reino dos céus.
Mateus 16:19

Aqui vai um segredo precioso que aprendi: a oração convida os anjos para a zona de guerra da sua experiência.

Em Atos, o Rei Herodes prendeu o apóstolo Pedro, e o colocou sob a guarda de quatro escoltas de soldados. No entanto, eles não eram páreos para as orações dos crentes. *"Pedro, então, ficou detido na prisão, mas a igreja orava intensamente a Deus por ele"* (At 12:5). E o resultado?

Na noite anterior ao dia em que Herodes iria submetê-lo a julgamento, Pedro estava dormindo entre dois soldados, preso com duas algemas, e sentinelas montavam guarda à entrada do cárcere. Repentinamente apareceu um anjo do Senhor, e uma luz brilhou na cela. Ele tocou no lado de Pedro e o acordou. "Depressa, levante-se!", disse ele. Então as algemas caíram dos punhos de Pedro.

versículos 6–7

Quando você ora, Deus envia anjos.

Jesus orou no jardim do Getsêmani, e anjos vieram e ministraram a Ele (ver Lucas 22:43).

Paulo orou em meio a uma tempestade, no meio de um mar, e Deus enviou um anjo para ficar ao lado dele (ver Atos 27:23).

Quando você ora, Deus envia anjos. Não importa pelo que você está passando, eles ficam ao seu lado. Se isso é verdade, então uma das maiores tragédias da falta de oração é a multidão de anjos desempregados esperando para serem enviados por Deus. Anjos são atraídos ao lugar de oração.

Charles Haddon Spurgeon pastoreou a primeira mega-igreja de dez mil membros de Londres, na Inglaterra, nos anos 1800. Suas pregações eram publicadas e ainda inspiram milhões de pessoas hoje. Apesar de você provavelmente já ter escutado sobre Charles Spurgeon, duvido muito que você já tenha ouvido falar de James Spurgeon. James era o irmão de Charles e seu gerente de negócios.

> As maiores pessoas na Terra são aquelas que oram.

Quando Charles Spurgeon subiu no púlpito no *Metropolitan Tabernacle*, James foi para debaixo do púlpito, para um cantinho secreto de oração. A chave da poderosa pregação de Charles Spurgeon era a poderosa oração de seu irmão. A oração constrói uma base de poder, permitindo que você faça o que Deus lhe ordena, Temos visto o poder da discordância destruir igrejas e lares. É hora de ver o poder da concordância em oração acender nossas igrejas e nossos lares, assim como nos reavivar pessoalmente.

As maiores pessoas na Terra são aquelas que oram. Eu não estou me referindo a pessoas que falam sobre oração, nem aquelas que creem na oração, nem mesmo aquelas que podem explicar a oração belamente; estou falando das pessoas que passam tempo de joelhos em oração. Essas pessoas não são necessariamente abençoadas com horas vagas para orar – elas arranjam tempo ao retirar tempo de coisas menos importantes. Coloque a oração em primeiro lugar e sua agenda em segundo. A oração prevalecente de fé é o poder na Terra que ativa o poder do Céu. O que você faz depois é simplesmente recolher os resultados da oração.

A oração tem trazido audição ao surdo, visão ao cego, vida ao morto, salvação ao perdido, e cura ao doente. A oração prevalecente deve ser a principal atividade do nosso dia.

Temos que orar todos os dias!

Se a oração é algo, ela é tudo. Se a igreja não orar, Deus não irá agir. Pois Jesus disse: *"Eu lhe darei as chaves do Reino dos céus"* (Mt 16:19).

A Oração que Prevalece

O que é oração que prevalece? Não é "oração de trincheira" – orar apenas quando se está em crise. Não é oração tímida, não é oração morna, e nem oração antes de dormir. Oração que prevalece é lutar contra principados e potestades. Paulo disse: *"Antes de tudo, recomendo que se façam súplicas, orações, intercessões e ação de graças por todos os homens"* (1 Tm 2:1). É a oração demorada, a oração em jejum, a oração com lágrimas, a oração fervorosa e eficaz dos justos que tem muito valor (ver Tiago 5:16.)

O poder da oração prevalecente é evidente no relato de Tiago sobre Elias influenciando o clima com suas orações. *"Elias era humano como nós. Ele orou fervorosamente para que não chovesse, e não choveu sobre a terra durante três anos e meio. Orou outra vez, e os céus enviaram chuva, e a terra produziu os seus frutos"* (Tg 5:17-18). (Ver também 1 Reis 17)

Oração prevalecente é Ester jejuar por três dias e salvar sua nação ao causar que os inimigos dos judeus fossem derrubados (ver Ester 4:16). Isso é oração prevalecente!

Oração que prevalece é Hagar interceder diante do Senhor: *"Não posso ver o menino [Ismael] morrer"* (Gn 21:16). Deus ouviu sua oração e abençoou Ismael por causa da oração prevalecente de uma mãe.

Oração que prevalece é Rispa, a concubina que teve dois filhos com o Rei Saul. Davi deu os dois rapazes aos gibeonitas a fim de reparar a forma como Saul os havia tratado. Os dois rapazes foram pendurados pelo pescoço até morrerem. Depois, seus corpos não foram retirados da forca, mas foram deixados lá para serem devorados pelos animais selvagens. Rispa, a mãe deles, não aceitou isso. Então, pegou um pano de saco e estendeu-o sobre uma rocha. Por cinco meses, ela sentou ali em vigília até restarem somente ossos de seus filhos. Ela costumava adornar-se com seda no pátio do rei, mas agora, após meses sentada numa rocha lutando pelo que havia restado de sua família, tenho certeza de que ela estava com os olhos arregalados e emaciada, como uma leoa protegendo sua cria. Ela não os abandonou em meio ao vento, à chuva, ao frio, ou ao sol, nem mesmo em meio aos ataques dos animais selvagens e abutres. Ela não desistiria de seus filhos até que fossem soltos e libertos da forca (ver 2 Samuel 21:10-14).

Finalmente, chegou aos ouvidos do Rei Davi o que ela estava fazendo. Ele deu a ordem de enterrar os rapazes com Saul em túmulos que pertenciam aos reis. A Bíblia nos diz que *"fizeram tudo o que o rei ordenou. Depois disso, Deus respondeu as orações em favor da terra de Israel"* (versículo 14). Rispa prevaleceu, e por causa disso, um rei foi tocado, os filhos dela foram honrados com um enterro na tumba dos reis, e Deus ouviu suas orações.

Oração prevalecente é ter a tenacidade de continuar até que alguma coisa aconteça. Uma das maiores fraquezas dessa geração é a falta de compromisso com o longo percurso. O animal mais rápido da Terra é a chita africana. Sua velocidade já foi medida a 112 km por hora. Entretanto, a chita tem um problema: ela tem um coração pequeno, então fica cansada rapidamente. Se ela não capturar sua presa rapidamente, desistirá. Algumas pessoas possuem uma atitude de chita quanto à oração. Não possuem o coração para sustentar o esforço do longo percurso. Elas vão com tudo à oração, mas não dura muito. Por que ter um coração de chita quando Deus quer que você tenha um coração de águia? Isaías 40:31 diz: *"Aqueles que esperam no Senhor renovam as suas forças. Voam bem alto como águias; correm e não ficam exaustos, andam e não se cansam"*.

> Oração prevalecente é ter a tenacidade de continuar até que alguma coisa aconteça.

O Poder da Oração Eficaz

Por que será que os cristãos muitas vezes negligenciam a oração? Creio que não compreendemos o efeito que nossas orações têm na esfera espiritual. Enquanto eu estava lendo Apocalipse certo dia, alguns versículos pareciam saltar da página:

Taças de ouro cheias de incenso, que são as orações dos santos.

Apocalipse 5:8

Subiu diante de Deus a fumaça do incenso juntamente com as orações dos santos. Então o anjo pegou o incensário, encheu-o com fogo do altar e lançou-o sobre a Terra.

Apocalipse 8:4-5

Que imagens maravilhosas! Quando oramos, estamos enchendo as taças de oração do Céu. No tempo perfeito de Deus, nossas orações são misturadas com o fogo de Deus (Seu poder) e lançadas de volta à Terra para transformar nossa situação. Nossas orações não batem simplesmente no teto e voltam; elas sobem como incenso diante do trono de Deus!

Mesmo que você sinta como se nada estivesse acontecendo no mundo natural, quando ora, você está enchendo as taças de oração na esfera espiritual. Quando elas ficarem cheias, irão virar e derramar respostas às suas orações!

UMA GERAÇÃO EM PERIGO

Creio que Deus está pronto para virar a taça de oração sobre essa geração. Hoje, um em cada três bebês é abortado nos Estados Unidos. Por que o diabo está tentando impedir essa geração de nascer? Creio que é porque Deus tem em mente algo especial para essa geração, e o diabo sabe disso. A primeira geração que o diabo tentou impedir que nascesse foi a geração de Moisés. Faraó decretou que todos os bebês meninos menores de dois anos de idade fossem mortos. A geração de Moisés era uma geração de libertação.

A segunda geração que satanás tentou eliminar foi a geração de Jesus. O Rei Herodes decretou que todas as crianças, novamente menores de dois anos de idade, fossem mortas. Essa era outra geração de libertação.

Agora, satanás tem reivindicado uma terceira geração – a sua geração. A razão pela qual existe tal ataque contra essa geração através do aborto é que vocês são destinados a serem uma geração de libertação! Não importa que tipo de inferno pelo qual você esteja passando, você deve prevalecer em oração até virar a taça no Céu.

Algum tempo atrás, eu li uma história verídica de um piloto num pequeno avião que percebeu uma luz de aviso indicando que uma porta do avião estava aberta. Ele se levantou para checar e, assim que ele chegou lá, a porta abriu e o sugou para fora do avião.

O copiloto fez contato com a torre pelo rádio: "Estou retornando. O piloto acabou de ser sugado para fora do avião! Enviem helicópteros de resgate para procurar o corpo". O que o copiloto não sabia era que, quando a porta abriu e puxou o piloto para fora, a escada de emergência desceu – e agarrado a ela desesperadamente estava o piloto.

Em quinze minutos, o copiloto aterrissou o avião, não ciente de que a cabeça do piloto estava apenas a 8 cm do concreto. Quando espectadores perceberam o que estava acontecendo, correram para a pista de pouso para ajudar o piloto. Eles tiveram soltar com força os dedos do piloto um de cada vez.

> A oração e o discernimento andam de mãos dadas.

Sabe como se chama isso? Perseverança! Perseverar firme e forte! Oração prevalecente é perseverar firme e forte até encher as taças de oração.

A oração e o discernimento andam de mãos dadas. Deus necessita de homens e mulheres que se colocarão na brecha e se tornarão guerreiros da oração que prevalece. Em 1 Timóteo, Paulo apelou à igreja: *"Quero, pois, que os homens orem em todo lugar, levantando mãos santas, sem ira e sem discussões"* (I Tm 2:8). Em Atos, Paulo teve uma visão em que um homem estava dizendo, "Venha para a Macedônia". Quando Paulo chegou lá, ele não encontrou um homem, mas, ao invés, encontrou um grupo de mulheres orando perto do rio (ver Atos 16:13). Por causa das orações dessas mulheres na Macedônia, Paulo mudou sua direção. Se aquelas mulheres não estivessem orando, Paulo não teria ido para o oeste, mas para o leste em direção à Ásia.

Oração, discernimento, e serviço são as fundações sobre as quais a igreja é construída. A oração esteve no primeiro plano de todo grande avivamento que já aconteceu nessa Terra.

Oração: Uma Sede Insaciável por Mudança

Provérbios 30:15-16 diz:

> *Duas filhas tem a sanguessuga. "Dê! Dê!", gritam elas. Há três coisas que nunca estão satisfeitas, quatro que nunca dizem: "É o bastante!":*
> *o Sheol, o ventre estéril, a terra, cuja sede nunca se aplaca, e o fogo, que nunca diz: "É o bastante!"*

Sanguessuga é uma palavra estranha e é usada somente uma vez em toda a Bíblia. É um pequeno ser ganancioso que tem um apetite incrível. Simplesmente não consegue ficar satisfeita. Esse texto diz que a sanguessuga tem duas filhas que gritam: *"Dê! Dê!"* A dupla anunciação é importante. Esse versículo está dizendo que existem quatro coisas que nunca ficam satisfeitas:

1. O Sheol[1]

Se você visitar o Cemitério Nacional Arlington em Washington, D.C., verá cruzes brancas tão longe quanto seus olhos puderem enxergar. Milhares e milhares de soldados morreram, e mesmo assim a sepultura ainda está sedenta. Ela ainda levanta com os dentes sujos de grama, agarra os homens pelo tornozelo, e os puxa para baixo. A sepultura nunca se satisfaz. Ela não respeita a velhice nem a juventude, o homem nem a mulher. Ela apenas grita constantemente: "Dê! Dê!"

2. A terra cuja sede nunca se aplaca

O oceano é alimentado por rios imensos como o Mississippi, o Niágara, o Nilo, e o Amazonas. Ainda assim, com toda a água fluindo de todas as

---

[1] Essa palavra pode ser traduzida por sepultura, profundezas, pó ou morte.

partes do mundo, os oceanos nunca cobrem a terra. A água desce do céu e sobe do solo. Enchentes e rios explodem suas margens, mas o oceano fica cheio de água. Ele permanece gritando: "Dê! Dê!"

3. O fogo

Pense nos grandes incêndios da história: O Grande Incêndio de Chicago, o Incêndio de São Francisco em 1906, ou o Grande Incêndio de Londres. O fogo consome negócios, hotéis, e casas. No entanto, ele nunca fica saciado. Quanto mais colocamos em seu caminho, mais ele consome. É uma sanguessuga. Ele grita constantemente: "Dê! Dê!"

4. O ventre estéril

Como o autor de Provérbios pode comparar o ventre estéril a um fogo que nunca fica saciado, ao oceano que nunca fica cheio, ou à sepultura que nunca tem o bastante? O que Deus está dizendo? A grande lição contida aqui é a seguinte: Deus não é movido por sugestão suave, e nem é movido por pessoas passivas. Ele não é tocado fortemente porque resmungamos uma oração curta e rápida. Na História da Bíblia, todas as obras milagrosas de Deus foram resultado de uma sede incessante, gigantesca, e insaciável por mudança.

> As obras milagrosas de Deus foram resultado de uma sede insaciável por mudança.

Tão sedento quanto o oceano é para engolir rios e não ser saciado, tão faminto quanto o fogo é para lamber tudo o que puder alcançar e ainda procurar combustível, tão insatisfeita como a sepultura é para tomar para si milhões e ainda gritar diariamente por mais, tão insistente quanto uma mulher estéril é para que Deus lhe dê filhos senão ela morre – esse é o quanto devemos desejar ver as promessas de Deus cumpridas. Como fazemos nascer a vontade de Deus na Terra? Nós nos esforçamos em oração. A palavra *esforço* é também utilizada para expressar a dor intensa e o árduo trabalho de parto ao dar luz a um bebê. Nenhum homem conhece essa palavra no mesmo nível que uma mulher. Talvez seja por isso que as mulheres são tão poderosas em oração.

Assim como o oceano deseja água, o fogo consome combustível, a sepultura tem fome de ossos, é como o povo de Deus deve ansiar por um mover do Senhor que dá luz a almas e avivamento. Quando Deus está prestes a fazer nascer uma promessa, Ele procura a alma estéril que irá gritar: "Dê! Dê!" Ele procura filhos e filhas da sanguessuga!

Em Gênesis, Raquel era o verdadeiro amor de Jacó. Infelizmente, Raquel era estéril e teve que ficar de lado e assistir a Jacó sendo pai dos filhos de suas outras esposas. Por fim, a sede dessa mulher estéril não podia mais aguentar e ela clamou a Jacó e a Deus: *"Dê-me filhos ou morrerei!"* (Gn 30:1). Eventualmente, após muito esforço, *"Deus lembrou-se de Raquel. Deus ouviu o seu clamor e a tornou fértil"* (versículo 22). Ela deu luz a José. Anos depois, Raquel teve um segundo filho, Benjamin.

A quem o avivamento será dado? Ele virá para as pessoas que são famintas como a sepultura, sedentas como um rio, e vorazes como o fogo. Ele vem para a congregação que nunca para de clamar: "Dê! Dê!" Oração prevalecente é Raquel orando: *"Dê-me filhos ou morrerei!"* Ah, como precisamos de homens e mulheres de oração na igreja novamente!

Nos primeiros anos da igreja cristã, a explosão de crentes estava ameaçando acabar com ela. No natural, eles simplesmente não conseguiam suprir todas as necessidades dos feridos. Então os discípulos fizeram uma reunião:

> *Por isso os Doze reuniram todos os discípulos e disseram: "Não é certo negligenciarmos o ministério da palavra de Deus, a fim de servir às mesas. Irmãos, escolham entre vocês sete homens de bom testemunho, cheios do Espírito e de sabedoria. Passaremos a eles essa tarefa e nos dedicaremos à oração e ao ministério da palavra".*
>
> *Atos 6:2-4*

Os apóstolos estavam divididos entre o trabalho do ministério e o tempo que passavam em oração. Mas eles também sabiam que se não desistissem da oração, não teriam que escolher entre os dois – poderiam ter as duas coisas. Eles sabiam que o ministério sem oração era sem poder e ineficaz. Porém, seria necessário mais do que apenas a oração ocasional. Eles sabiam o que estava em jogo. Sabiam que precisavam dedicar-se à oração.

Em Lucas 18, vemos o poder da oração persistente. Às vezes, você simplesmente tem que continuar pedindo. Na parábola de Jesus, uma viúva aparecia diante de um juiz repetidamente, mas seu pedido era constantemente ignorado. Ela não ficou desencorajada; ela não desistiu. Você deve ser persistente. Por fim, a mulher persistiu por tanto tempo que o juiz disse, em outras palavras: "Eu normalmente não faço isso, e sob circunstâncias normais não faria. Mas tenho que fazer algo por essa mulher ou ela não vai parar de me aborrecer" (ver Lucas 18:1-5). Você tem que se tornar uma "peste espiritual". Toda vez que Deus olhar em sua direção, deixe que Ele o veja diante Dele.

> Os apóstolos sabiam que o ministério sem oração era sem poder.

Você tem que desejar tanto a ponto de dizer a Deus: "Eu irei esgotar o Senhor. Eu irei continuar orando até que o Senhor salve meus filhos, até que abençoe minha família. Eu irei permanecer diante de Ti. Jesus, eu serei uma peste espiritual e irei esgotar o Senhor. Eu não irei desmoronar; estou prestes a conseguir uma vitória".

Não muito tempo atrás, um amigo meu chamado Tommy Tenney, autor de *Os Caçadores de Deus*, apresentou-me a uma grande mulher de Deus. Ela tem a reputação de ser uma verdadeira guerreira de oração. Ela e seu esposo iniciaram uma igreja em Alexandria, em Louisiana, onde estabeleceram uma reunião de oração que nunca tem parado. Por mais de trinta anos, vinte e quatro horas por dia, tem alguém naquela igreja orando.

O filho dela agora é pastor dessa grande igreja onde milhares congregam. Desde cedo, ela fez uma promessa a Deus acerca de seu filho. Ela fez um voto com Deus de que iria jejuar e orar nos aniversários dele todos os dias de sua vida, do nascer ao pôr do sol. Por mais de cinquenta anos, no aniversário de seu filho, ela vai à igreja nas primeiras horas do dia para trancar-se e orar o dia todo por ele sem comer. Como resultado, ele se tornou um grande homem de Deus.

Quando o ex-presidente Bill Clinton conheceu o filho dela pela primeira vez, ele ainda era o governador de Arkansas. Ele ficou tão impressionado com esse ministro que, mesmo após tornar-se presidente, ele muitas vezes pegava um voo para aquela cidade só para frequentar a igreja em cultos especiais. Clinton convidou o filho dela para a Casa Branca diversas vezes para ministrar a ele, principalmente durante tempos turbulentos.

Por mais de cinquenta anos, aquela mãe de cabelo grisalho tem orado e jejuado o dia todo por seu filho no aniversário dele. A persistência dela moveu seu filho da pequena e obscura cidade de Alexandria, Louisiana, para o gabinete mais poderoso do mundo.

Deus não está a procura de capacidade; Ele está a procura de disponibilidade. Você faz parte de um exército que Deus está levantando para quebrar a cabeça do inimigo. Eu tenho ouvido Deus dizer: "Faça com que Meu povo ore novamente. Irei usá-los na batalha final".

CAPÍTULO DEZ

Mulheres de Discernimento Sempre Fazem a Diferença

O Senhor deu uma ordem, e muitas mulheres
levaram esta notícia.
Salmos 68:11 (NTLH)

Um dos maiores medos de satanás é que as mulheres descubram quem elas realmente são e qual o importante papel que desempenham em sua queda final. A verdade é que satanás tem medo de mulheres porque elas são as armas secretas de Deus para a batalha final.

Por que Deus usaria as mulheres? Creio que a resposta é simples: a rodada de abertura da batalha foi entre o diabo e uma mulher (Eva). Consequentemente, é lógico que a última rodada dessa importante investida final também deve incluir as mulheres.

O versículo acima descreve um exército marchando, proclamando o Evangelho. O registro bíblico mostra que as mulheres não foram relegadas a meras recrutas no exército de Deus; elas foram escolhidas como participantes-chave para transformar o mundo. Como é fascinante que, mesmo na cultura judaica dominada pelos homens, Deus priorizou incluir várias mulheres de discernimento como figuras-chave da história.

Mulheres de Discernimento da Bíblia: Débora

Em Juízes, os homens de Israel hesitaram quando receberam direções de Deus. Débora, a profetiza, discerniu a instrução de Deus e decidiu fazer a diferença:

Débora mandou chamar Baraque, filho de Abinoão, de Quedes em Naftali, e lhe disse: O Senhor, o Deus de Israel, lhe ordena que reúna dez mil homens de Naftali e Zebulom e vá ao monte Tabor. Ele fará que Sísera, o comandante do exército de Jabim vá atacá-lo, com seus carros de guerra e tropas, junto ao rio Quisom, e os entregará em suas mãos? Baraque disse a ela: "Se você for comigo, irei; mas, se não for, não irei. Respondeu Débora: "Está bem, irei com você. Mas saiba que, por causa do seu modo de agir, a honra não será sua; porque o Senhor entregará Sísera nas mãos de uma mulher". Então Débora foi a Quedes com Baraque.

Juízes 4:6-9

Duas grandes coisas se opuseram à Débora naquele dia. Primeiro, ela era uma mulher numa sociedade dominada por homens. Segundo, ela não tinha uma espada com a qual lutar. Mas quando Débora se envolveu, Deus trouxe o exército a ela.

Se você tomar a decisão de fazer a diferença, então Deus providenciará o que falta. Você tem que acreditar em si mesmo, ao menos porque Deus acredita em você. Talvez você se sinta inadequado para completar a tarefa, mas tudo bem. Lembre-se, o envolvimento sobrenatural de Deus requer fé.

Débora levantou-se para guiar o povo de Deus à vitória sobre Sísera, o capitão mau do exército cananeu, que foi obrigado a fugir para poder viver. Ele entrou na tenda de uma mulher para se esconder, pensando que uma dona de casa comum não seria uma ameaça para ele. Mas enquanto ele dormia, essa mulher comum chamada Jael pegou uma estaca da tenda e a cravou na têmpora, matando-o (ver Juízes 4:17-21). Imagine que surpresa deve ter sido ouvir a notícia de que Sísera, o poderoso guerreiro, havia sido assassinado por uma mulher com uma estaca da tenda.

Você pode fazer a diferença. Deus quer levantar um exército de donas de casa para proclamarem Suas boas novas e derrotarem todos os Seus inimigos que vêm contra a família e a igreja.

Em Gênesis 33, quando Jacó teve que enfrentar seu irmão, Esaú, após roubar a bênção, ele temeu por sua vida. Esaú e quatrocentos de seus soldados estavam aproximando-se com fogo nos olhos. Sabe o que Jacó fez? Ele colocou todas as mulheres para a frente e escondeu-se atrás delas. Quando Esaú viu as mulheres, ele se quebrantou e começou a chorar (ver Gênesis 33:1-7). A presença das mulheres na linha de frente alterou o espírito do inimigo.

Ou, considere o relato do Novo Testamento sobre a ressurreição:

Quando terminou o sábado, Maria Madalena, Salomé e Maria, mãe de Tiago, compraram especiarias aromáticas para ungir o corpo de Jesus. No primeiro dia da semana, bem cedo, ao nascer do sol, elas se dirigiam ao sepulcro... Quando Jesus ressuscitou, na madrugada do primeiro dia da semana, apareceu primeiramente a Maria Madalena, da quem havia expulsado sete demônios. Ela foi e contou aos que ele tinham estado; eles estavam lamentando e chorando. Quando ouviram que Jesus estava vivo e fora visto por ela, não creram.

Marcos 16:1-2, 9-11

Esse foi o maior momento único da História mundial, e a única testemunha foi uma mulher. Isso, para mim, é uma prova indiscutível de que a Bíblia vem de Deus e não dos homens. Na cultura judaica, as mulheres tinham poucos direitos. Elas não podiam ensinar nem mesmo estudar. Por causa disso, não era permitido que elas testemunhassem em questões legais. A voz delas significava nada. Se deixassem os homens judeus inventarem a Bíblia, eles nunca permitiriam que uma mulher fosse a única testemunha da ressurreição de Jesus. Porém, Deus sabia que somente uma mulher de discernimento seria capaz de ver e crer que, ao contrário das circunstâncias aparentes, Jesus está vivo!

> A mensagem das Escrituras é que há fraqueza na força e força na fraqueza.

Quem? Eu?

Não fique envergonhado se, quando chamar o seu número, sua primeira resposta seja: "Quem? Eu?" Se você nunca disse essas palavras, então eu suspeito que Deus nunca falou com você. Sempre que respondemos a Deus, dizendo: "Não sou capaz de fazer isso', Ele responde de volta: "Bom, agora que tiramos isso do caminho, você está pronto?"

Deus nunca é atraído ao cheio; Ele é atraído somente ao vazio. Na verdade, crentes falham mais por causa de suas forças do que por causa de suas fraquezas. A mensagem irônica das Escrituras é que há fraqueza na força e força na fraqueza (ver 2 Coríntios 12:9-10).

A fraqueza da força é encontrada na história do Rei Uzias. Ele tinha dezesseis anos quando começou a reinar. Desde que ele buscasse ao Senhor, Deus fazia-o prosperar. Sua fama espalhou-se para todos os lados. Então chegamos a uma frase marcante: *"Mas, havendo-se já fortificado, exaltou-se o seu coração até se corromper"* (2 Cr 26:16, ACF). Uma noção equivocada no cristianismo é que Deus está procurando pessoas fortes. Errado! Deus está procurando pessoas fracas cuja força vem Dele.

A força da fraqueza sempre começa com quebrantamento. Paulo foi apedrejado e dado como morto, ensanguentado, uma pilha de ossos quebrados. Ele estava quebrado por dentro. Ele estava ferido emocionalmente, mentalmente, e fisicamente. Paulo era um homem quebrado, mas, ah, a força da fraqueza! Quando reagimos à fraqueza apropriadamente, ela sempre nos leva à benção graduada. A resposta de Deus a Paulo foi: *"Minha graça é suficiente para você, pois o Meu poder se aperfeiçoa na fraqueza"* (2 Co 12:9).

Quando a graça de Deus é suficiente para nos ajudar? Quando olhamos a nossa volta e não resta nada a não ser a graça de Deus. Desde que alguma outra coisa permaneça, tendemos a colocar nossa confiança nisso.

A resposta de Paulo a Deus foi: *"Portanto, eu me gloriarei ainda mais alegremente em minhas fraquezas, para que o poder de Cristo repouse em mim"* (versículo 9). Pare de olhar para a sua fraqueza e comece a concentrar-se na força Dele.

O Exército de Deus de Mulheres Quebrantadas

Deus está mobilizando e equipando um exército feminino para construir Sua igreja e fazer Sua obra nesses últimos dias. Líderes espirituais e ministros em todo o país estão se levantando para organizar conferências de mulheres. O Bispo T. D. Jakes começou a ensinar "Mulher, Estás Livre" em uma aula da escola dominical. Mais tarde, tornou-se um livro *best-seller* e um filme de sucesso. Hoje, as conferências "Mulher, Estás Livre" atraem mais de cinquenta mil mulheres anualmente.

Talvez você fique surpreso em saber que tipo de mulheres Deus irá usar nesse exército do fim dos tempos. Apenas quatro mulheres são mencionadas na genealogia de Jesus Cristo. Elas são quatro das "meninas más" do Antigo Testamento – Raabe era uma prostituta, Rute era uma ex-pagã e uma viúva sem casa que não tinha direito de se casar com um israelita, Bate-Seba era uma adúltera, e Tamar era a viúva que seduziu seu sogro (ver Mateus 1:3, 5-6). Certamente parece que Deus poderia ter achado mulheres melhores para formar a árvore genealógica de Jesus Cristo!

Creio que Deus escolheu deliberadamente essas quatro mulheres porque Ele estava tentando nos ensinar sobre o poder da redenção. Afinal, se mulheres com esse tipo de passado poderiam fazer parte da família física de Jesus Cristo, então talvez a família espiritual de Cristo, que é a Igreja, também pode incluir mulheres com passados sórdidos, agora lavadas e remidas pelo sangue de Jesus.

> Se o Senhor pôde trazê-lo até aqui, então Ele pode levá-lo de onde está para onde você deve estar.

Talvez você não seja tudo que deveria ser, mas, graças a Deus, você não é o que era antes. Se o Senhor pôde levá-lo de onde estava para onde você está, então Ele pode levá-lo de onde está para onde você deve estar! Não deixe o seu passado assombrar você. Paulo, que tinha um histórico assassino, nos disse: *"Mas uma coisa faço: esquecendo-me das coisas que ficaram para trás e avançando para as que estão adiante"* (Fp 3:13). Não importa o seu passado, você ainda pode avançar para o futuro. Deus disse através de Isaías: *"Esqueçam o que se foi; não vivam no passado. Vejam, estou fazendo uma coisa nova! Ela já está surgindo! Vocês não a reconhecem? Até no deserto vou abrir um caminho e riachos no ermo"* (Is 43:18-19).

LIBERTANDO-SE DO SEU EU

Você realmente pode fazer a diferença. Porém, a fim de se tornar uma mulher de discernimento no exército de Deus, você precisa se libertar do cativeiro da autopiedade, da autodepreciação, da baixa autoestima. Muitas coisas que acontecem conosco na vida podem nos amarrar em correntes que nos impedem de ser quem Deus nos chamou para ser. Nossa resposta pode ser dar uma festa de lamentação. Nós somos chamados para caminhar pelo vale, e não para viver nele.

Há quatro passos para ser liberto:

1. Detectar

Quando começou? Que eventos ou atitudes do seu passado têm contribuído para o seu estado atual? É tempo de cortá-los. Corte a raiz se quiser se livrar dos frutos. *"O machado já está posto à raiz das árvores, e toda árvore que não der bom fruto será cortada e lançada ao fogo"* (Lc 3:9).

2. Enfrentar

Admita a Deus e às pessoas em quem confia que você tem um problema. Simplesmente diga: "Eu preciso de ajuda, Senhor; estou tendo dificuldade com isso". Tudo que tem sido trancado no escuro precisa ser trazido para a luz do dia.

3. Apagar

Deixe tudo para lá. *"Se confessarmos os nossos pecados, Ele é fiel e justo para perdoar os nossos pecados e nos purificar de toda injustiça"* (1 Jo 1:9). Apague todo pecado e ofensa fazendo uso do sangue de Jesus Cristo.

4. Substituir

Deixe o Espírito Santo preencher o vazio. Efésios 5:18 diz: *"dei-xem-se encher pelo Espírito"*. Renove a sua mente na Palavra. Pense os pensamentos de Deus, e peça a Ele por um novo batismo de alegria. Isaías 61:3 nos ensina a vestir *"um manto de louvor em vez de espírito deprimido"*.

Lembre-se de que Deus sempre permitirá uma pequena crise para nos manter dependentes. O Senhor irá acalmar a tempestade e/ou acalmar você enquanto a tempestade assola. Deus pode transformar todo Calvário numa Páscoa, toda meia-noite num meio-dia, todo choro num suspiro. Jesus nunca deixará você se afogar em suas próprias lágrimas. Ele não permitirá que a dor destrua sua mente. Ele engarrafa toda lágrima em Seu recipiente eterno. *"Tu contas as minhas vagueações; põe as minhas lágrimas em Teu odre"* (Sl 56:8, ACF).

Agora mesmo, existem mulheres lendo estas palavras que precisam ser libertas do cativeiro da autopiedade. Você é uma filha de Deus cheia com o Seu Espírito. Seu nome está no Livro da Vida. O maior problema da sua vida – o problema do pecado – já foi resolvido. Seus pecados estão sob o sangue de Jesus.

Diga isso em voz alta, agora mesmo:

> *Parei de sentir pena de mim mesma.*
> *Deus quer que eu seja uma vitoriosa, não uma vítima;*
> *que eu levante voo, não afunde;*
> *que eu supere, não fique devastada.*

Nada fora de nós pode causar depressão, mas nossa reação não-bíblica às coisas pode.

Em nome de Jesus, eu a liberto do cativeiro da autopiedade.

LIBERTANDO-SE DO SEU PASSADO

Ezequiel 18:2 diz: *"Que é que vocês querem dizer quando citam este provér-bio sobre Israel: 'Os pais comem uvas verdes, e os dentes dos filhos se embotam'?"*

Esse texto refere-se aos pecados dos pais afetando seus filhos. As uvas verdes podem ser um pai ou uma mãe abusivos. Talvez seus pais não souberam como mostrar amor. Talvez eles eram distantes ou nunca estavam disponíveis para você. Talvez você nunca podia fazer nada bem o bastante para eles. Possivelmente, você nunca recebeu afeto ou afirmação. Uvas verdes podem ser alcoolismo, vício em drogas, raiva, negativismo, ou depressão. Essas são algumas das formas como os pais que comem uvas verdes afetam seus filhos. Uma boa razão para dar uma festa de lamentação, certo?

Errado! Veja o versículo seguinte:

"Juro pela minha vida, palavra do Soberano Senhor, que vocês não citarão mais esse provérbio em Israel."

Ezequiel 18:3

Boa notícia! Não importa quem seja seu pai ou sua mãe, não importam quais sejam os problemas deles, se Jesus está vivo em você, então o comportamento dos seus pais não precisa mais se tornar sua mancha. Jesus quebrou a maldição.

Não importam quais uvas verdes seus pais comeram, não importa o que eles fizeram de errado, isso não precisa destruir sua alegria. Você não tem que ser mantido refém pelo que eles fizeram a você ou não fizeram por você. Tantas pessoas estão lidando com problemas que derivam de incidentes do passado de profunda rejeição, vergonha sexual, necessidade de aprovação, nunca se sentir bom o bastante, ou falta de amor próprio.

Não importa como seus pais se comportaram, através de Cristo, a dor cessa – a progressão do pecado na linhagem da sua família está quebrada. Para as pessoas que sabem que seu Senhor soberano vive, esse provérbio das uvas verdes está derrotado. Buda e Maomé não podem quebrar a maldição da sua família; nenhum dos dois está vivo. Nosso Senhor soberano está vivo! Em nome de Jesus, eu libero você do cativeiro da maldição e do pecado de família.

A missão que Deus tem para você é grande demais para ser sabotada pelo passado. A depressão e a falta de amor própria são ilegais na sua vida. A vida não fez nada a você que Deus não possa usar para o bem, se você se colocar nas mãos Dele. Deus pode transformar sua dor em propósito. É tempo de fazer a diferença.

> A vida não fez nada a você que Deus não possa usar para o bem, se você se colocar nas mãos Dele.

O Segredo para Transformação de Vida

Você já é um sucesso aos olhos de Deus. O que é sucesso? Não caia na definição equivocada do mundo sobre sucesso: fama e fortuna. O verdadeiro sucesso é conhecer seu valor aos olhos de Deus, e usar seus dons corretamente. Talvez você esteja pensando: *Mas você não sabe quanto eu falhei.* Como Edwin Cole certa vez disse: "Você não afunda caindo dentro da água; você afunda ficando lá".

O livro de Romanos nos diz que a renovação da mente é o segredo para a transformação (ver Romanos 12:2). O que você vê e acredita em sua mente, irá viver. Acredite que você é vitorioso. Veja a si próprio fazendo a diferença. Se souber quem você é, e Quem o chamou, você será capaz de suportar qualquer coisa. *"Ele, pela alegria que Lhe fora proposta, suportou a cruz"* (Hb 12:2). Jesus fixou Sua mente na vitória enquanto suportava a crucificação.

Minha sogra, Pat, é sobrevivente de um câncer de mama. Minha esposa e eu nunca nos esqueceremos de ouvir a notícia. *Câncer* é uma palavra devastadora, especialmente quando está atrelada a alguém que amamos. Após algumas lágrimas e muita oração, Pat começou a contra-atacar. Ela se recusou a desistir. Apesar de os médicos terem recomendado uma cirurgia de mastectomia radical, ela escolheu a rota alternativa, uma dieta rígida e vitaminas que aumentam a imunidade.

Eu senti Deus me chamando para jejuar durante três dias pela cura dela. No terceiro dia, Deus me deu uma palavra de encorajamento para ela: "Você viverá para ver os filhos dos seus filhos". Pat agora está livre do câncer há mais de catorze anos! Após passar por tal tempestade, todo dia é como um presente. Hoje, ela tem transformado sua deficiência em vantagem encorajando outras mulheres com seu testemunho. Através da prova veio um testemunho; da confusão veio uma mensagem de esperança para outros que estão passando pelo moedor emocional que é o câncer.

A razão pela qual algumas pessoas nunca são usadas por Deus é que nunca passaram por nada. Deus obtém seus melhores marinheiros dos mares mais revoltos e Seus soldados mais ferozes das batalhas mais difíceis. Deus pode usar o que você experimentou para abençoar outras pessoas.

Esse foi o caso na vida de Sylina LiBasci. Senti-me tocado a compartilhar com você uma porção do testemunho pessoal dela sobre o dia mais devastador de sua vida:

Em 16 de maio de 1997, eu estava sendo mãe como de costume, e acordei cedo o bastante para fazer meu devocional e orar. Meu filho de quatro anos de idade, Caleb, veio, e eu dei banho nele. Sem demora, meu filho de dois anos de idade, Benjamin, acordou, então dei banho nele. Dei café da manhã para eles enquanto Wesli, minha filha de dez anos de idade, vestia-se para o dia. Estávamos planejando um dia de diversão na nossa igreja: um dia aquático na nossa turma da Saída Matinal dos Pais . Eu dava essa aula às sextas-feiras. Os meninos queriam vestir suas camisas de "Jesus", que tinham uma figura de Jesus com as crianças e o versículo de Mateus 19:14, que diz: *"Deixem vir a Mim as crianças e não as impeçam; pois o Reino dos céus pertence aos que são semelhantes a elas".* Elas estavam tão animadas naquela manhã. Eu não tinha como saber que aquela seria nossa última manhã juntos.

A caminho da igreja, um caminhão de lixo bateu em nosso carro. Meu filho de quatro anos, Caleb, foi estar com Jesus instantaneamente. Benjamin ficou gravemente ferido e sobreviveu apenas dois dias e dezesseis horas após o acidente. Minha filha, Wesli, foi retirada do local de helicóptero para um hospital infantil onde, felizmente, ela se recuperou totalmente de seus ferimentos.

Apesar do fato de que eu nunca entenderei completamente por que Deus escolheu levar meus filhos, posso dizer que Ele transformou minha crise num milagre. O motorista que bateu em nosso carro entregou seu coração a Jesus. Muitos médicos e enfermeiras nos disseram que nunca seriam os mesmos. Mas o maior milagre ocorreu na cerimônia memorial – onde dezesseis membros da nossa família aceitaram a Cristo.

Estávamos orando por um avivamento familiar, e esse foi o início. Deus tem aberto as portas para ministrarmos para muitas famílias de luto. Temos visto o Senhor curar os corações partidos através da experiência mais difícil da nossa vida.

Apesar de Sylina e seu esposo terem enfrentado a maior tragédia de suas vidas, Deus foi capaz de trazer algo bom disso. Nada jamais poderá substituir os filhos que ela perdeu, mas ela se conforta em saber que uma diferença foi feita na vida de outros que estão sofrendo, e que um dia ela os verá novamente.

Eu posso prometer a você, o inferno está tremendo de medo porque você está lendo este livro. Novas ordens saíram do inferno: "Não deixem as mulheres capturarem uma palavra do que está nesse livro. Não deixem que elas compreendam o que a oração de força pode fazer. Não deixem que elas obtenham um espírito de discernimento. Deixem as mulheres ficarem tão atribuladas com problemas, tão cheias de inferioridade e autopiedade, que nunca descobrirão seu dom de discernimento, nem aprenderão que papel fundamental elas exercem na derrota do inimigo".

O inimigo teme mulheres de discernimento que oram! Elas podem quebrar a autoridade dele sobre o lar, sobre a família, sobre o esposo, sobre os filhos. E quando ele perde essas batalhas, ele perde a guerra!

CAPÍTULO ONZE

O Homem de Discernimento é um Homem de Verdade

Vejam, eu enviarei a vocês o profeta Elias antes do grande
e temível dia do Senhor. Ele fará com que os corações dos
pais se voltem para seus filhos, e os corações dos filhos para
seus pais.
Malaquias 4:5-6

Que versículo poderoso é esse; é realmente um alerta. Pode estar no Antigo Testamento, mas a verdade a que ele se refere afeta a nós, particularmente nesta geração. Ele diz, em outras palavras: "Antes da vinda do Messias, os corações dos pais se voltarão para os seus filhos".

Há uma diferença entre ser do sexo masculino e ser homem. Só porque você é do sexo masculino, isso não o torna um homem.

O que é um homem de verdade? Um homem de verdade não é medido por músculos, mas por fibra moral! Um homem de verdade não é medido pelo sucesso que tem nos negócios, mas pelo sucesso que tem em casa! Nenhuma quantidade de sucesso na carreira irá compensar o fracasso em casa. Há uma diferença entre sua reputação e seu caráter. Reputação é quem as pessoas *pensam* que você é. Caráter é quem sua esposa e seus filhos *sabem* que você é.

O verdadeiro casamento tem que ir além do jantar à luz de velas para a luz do dia e a louça. O verdadeiro casamento tem que ir além de sexo para sensibilidade. O verdadeiro casamento tem que ir além de romance para responsabilidade. As estatísticas nos dizem que nos lares em que o pai é um cristão comprometido, os filhos têm 75% de chance de se tornarem cristãos comprometidos ao crescerem. Porém, em lares onde somente a mãe é uma cristã comprometida, esse número cai para 23%. É muito óbvio. Deus precisa que o sexo masculino se levante e se torne homens de Deus de discernimento no lar.

> Reputação é quem as pessoas pensam que você é. Caráter é quem sua família sabe que você é.

Quando Josué e a nação de Israel estavam apenas do outro lado do rio de sua Terra Prometida por tanto tempo esperada, Deus falou a Josué, dizendo, efetivamente: "Josué, amanhã Eu irei levá-los ao outro lado do rio. Amanhã, quarenta anos de espera chegarão ao fim; vocês entrarão numa terra que mana leite e mel". No entanto, Deus tinha uma última instrução para Josué. *"Faze facas de pedra, e torna a circuncidar segunda vez aos filhos de Israel"* (Js 5:2, ACF). Ele estava basicamente dizendo: "Santifique-os de novo". Como todo homem certamente sabe, a circuncisão era uma incisão da carne que designava os homens judeus como separados para serem usados por Deus. Agora, antes de Israel poder entrar em sua Terra Prometida, Deus os estava chamando para uma nova santificação.

Tornando-se Santificados de Novo

Deus estava dizendo: "Bênçãos sem precedentes estão prestes a vir sobre o Meu povo. Porém, antes que Eu possa levar suas famílias a tudo que Eu preparei para eles, preciso que os homens sejam santificados de novo. É preciso haver uma incisão de coisas carnais".

A verdade é que você tem sobrevivido enquanto carrega algumas coisas carnais. Você tem feito as mesmas coisas pensando que Deus irá meio que piscar para isso – "Coisa de menino". Mas Deus está dizendo algo diferente. Ele está dizendo, em outras palavras: "Essa nova coisa que Eu quero fazer requer uma nova santificação na vida de todo homem. Quero que seus olhos sejam santificados. Quero que seus corações sejam santificados. Quero que suas mentes e seus espíritos sejam puros. Não quero eles simplesmente indo à igreja e tendo um papel secundário nas coisas espirituais no lar".

A circuncisão, é claro, era uma incisão naqueles locais escondidos e sensíveis. E é exatamente onde os homens precisam. Precisamos lidar com aquelas questões secretas, aquelas coisas carnais, que estão presas a nós, impedindo-nos de receber as bênçãos sem precedentes de Deus!

Você provavelmente conhece a história da Páscoa encontrada em Êxodo, onde Deus matou todos os primogênitos do Egito, mas poupou as casas dos israelitas e passou por cima das que tinham um sinal na porta. Em Ezequiel 9, há outro exemplo como esse:

> *E lhe disse: "Percorra a cidade de Jerusalém e ponha um sinal na testa daqueles que suspiram e gemem por causa de todas as práticas repugnantes que são feitas nela". Enquanto eu escutava, ele disse aos outros: "Sigam-no por toda a cidade e matem, sem piedade ou compaixão... Mas não toquem em ninguém que tenha o sinal".*
>
> *Ezequiel 9:4-6*

A aplicação é a seguinte: Deus está dizendo: "Se Eu puder achar homens que carregarão o fardo e clamarão a Mim por suas esposas e filhos, Eu salvarei suas famílias. Porém, se não houver um homem naquela casa que carregará o fardo, então destruidor matará as mulheres e os filhos".

Eu proponho a você que nós estamos vivendo em dias semelhantes em que o devorador está mirando em nossos filhos e nossas esposas. Talvez tenha existido um tempo em que você podia sobreviver sendo espiritualmente secundário; permitindo que sua esposa fizesse todas as orações, as leituras bíblicas, e todas as coisas espirituais, mas nós estamos vivendo num tempo em que creio que Deus está colocando um sinal nas casas. Ele está dizendo: "É preciso haver um homem em toda casa que saiba como clamar, que saiba orar por si mesmo". Seu pastor não é líder espiritual da sua casa; você é. E é tempo de você clamar em voz alta. É tempo de você marcar o seu lar para a bênção.

CRESÇA EM DISCERNIMENTO

Em 1 Coríntios 13:11, Paulo disse: *"Quando eu era menino, falava como menino, pensava como menino e raciocinava como menino. Quando me tornei homem, deixei para trás as coisas de menino"*. Observe que Paulo usou *quando* duas vezes. Existe o *"quando"* da infância e o *"quando"* da idade adulta. Ele não está falando de nossa idade física, quantos anos você está nessa Terra. Há alguns homens por aí que estão trancados num estado prolongado de infância. Crianças agem como crianças. *"Quando me tornei homem..."* É tempo de alguns de vocês crescerem.

Virá um tempo, um ritual de passagem, em que você sai da infância para a idade adulta. As pessoas que o conhecem deveriam ser capazes de olhar para você daqui a um ano e ver que você tem uma fé maior, um compromisso maior, uma vida de oração maior, uma dedicação maior a Deus.

Infelizmente, alguns homens estão presos na infância espiritual. Você vem à igreja por um ano, dois anos, talvez mais e, agora, seus filhos deveriam ver o Papai louvando ao Senhor e discernindo as coisas de Deus. Ao contrário, você ainda discute sobre dízimo, pensa se vai à igreja ou não, e assiste à televisão ou navega na internet ao invés de ler a Palavra de Deus. Estou dizendo a você, de homem para homem, é tempo de os homens de Deus crescerem! O inferno tem mirado seu lar e Deus está procurando homens de discernimento que irão clamar a Ele por suas famílias!

> Existem feridas que somente um pai pode causar; e feridas que somente um pai pode curar!

Observe que Paulo disse: *"deixei para trás as coisas de menino"*. Ele não disse: "Deus retirou as coisas de menino de mim". Paulo teve que fazer algumas coisas por conta própria. Deus está dizendo: "Estou pronto para amadurecer você. Estou pronto para levá-lo a outro nível!" Em Malaquias, Ele disse, em outras palavras: "Eu voltarei os corações dos pais aos filhos". Existem feridas em nós que somente um pai pode causar; existem feridas em nós que somente um pai pode curar!

A Maldição da Falta de Pai

O Parque Nacional Kruger na África do Sul é a maior reserva de caça no mundo. Quando estavam enfrentando uma população demasiada de elefantes, eles decidiram separar os elefantes mais novos porque eles estavam comendo toda a vegetação. Então, pegaram trezentos filhotes de elefantes machos, separaram-nos da influência dos elefantes mais velhos e maduros, e os moveram para a Reserva Hluhluwe-Umfolozi, na África do Sul, a 480 quilômetros de distância.

Hluhluwe-Umfolozi não tinha nenhum elefante, mas era o terreno natural do raro rinoceronte branco. O rinoceronte não tem nenhum inimigo natural. Não é presa de nada. Ele é mau demais, agressivo demais, rápido demais, forte demais. Porém, para o espanto das autoridades, começaram a encontrar rinocerontes mortos por todo o parque. Eles não conseguiam entender o porquê. Então, colocaram câmeras e descobriram que aqueles jovens, elefantes-machos, sem nenhuma influência madura em suas vidas, estavam formando bandos e gangues para matar rinocerontes – algo que não era da natureza deles.

Todas as noites nos noticiários, em toda cidade dos Estados Unidos, há histórias de violência de gangues. Você sabe por que temos gangues perambulando por aí? Você sabe por que temos assassinatos e tiros? Eu acredito que seja porque não temos homens mais velhos e maduros conversando com nossos jovens rapazes, orientando-os, desenvolvendo-os, amadurecendo-os, e ensinando-os o que é comportamento aceitável e o que é inaceitável.

Isaías 4:1 fornece uma profecia terrível: *"Naquele dia sete mulheres agarrarão um homem e dirão: Nós mesmas providenciaremos nossa comida e nossas roupas; apenas case-se conosco e livre-nos da vergonha de sermos solteiras!"* Acredito que essa seja uma profecia dos últimos dias quando haverá tal escassez de homens de Deus maduros e de discernimento que as mulheres virão, sete mulheres para um homem, com suas famílias, não para casamento ou algo imoral, mas por abrigo, pois não conseguirão encontrar homens de Deus suficientes para declarar sobre seus filhos e a vida de suas famílias. Talvez, quando o profeta disse isso, ele previu nossa situação hoje, em que 50 por cento das crianças nos Estados Unidos estão crescendo em lares sem um pai.

Homens e Mulheres são Diferentes

Se você sabe alguma coisa sobre biologia, sabe que quando um homem e uma mulher concebem um filho, a mulher sempre provê um cromossomo "X" porque é tudo que ela tem. O homem tem tanto o cromossomo "X" quanto o "Y". Se ele provê um "X", o filho será uma menina. Se ele provê um "Y", o filho será um menino. A mulher não tem a capacidade de determinar o sexo do filho. É o homem que dá essa identidade ao filho. Se isso é verdade no mundo natural, pense sobre a influência de um pai para dar identidade aos seus filhos no mundo espiritual. Ninguém pode declarar sobre a vida de nossos filhos como um homem pode. É por isso que é tão importante que você entenda seu papel como marido e pai. Uma geração sem pai está sendo levantada, mas nunca lhe disseram quem ela é através de uma voz forte, masculina, e de Deus!

Qual cromossomo recebemos faz muita diferença em quem nós nos tornamos com o tempo. Moças, quando vocês recebem aquele cromossomo "X", recebem um sistema imunológico mais forte, e por causa disso viverão, em média, oito anos a mais que os homens. Estudos provam que as mulheres lidam muito melhor do que os homens em campos de concentração. As mulheres suportam dor melhor do que os homens. As células das mulheres deterioram-se apenas 2 por cento a cada dez anos, enquanto as células dos homens deterioram-se 10 por cento no mesmo período.

Os homens, por outro lado, têm alguns benefícios com seu cromossomo "Y". Os homens carregam cerca de cinco litros e meio de sangue no corpo, comparados com os 3 litros que as mulheres carregam. Um homem tem mais de um milhão de células vermelhas a mais por gota do que uma mulher. É por isso que os homens têm mais força física.

Talvez a maior diferença entre homens e mulheres esteja em como nossos cérebros são programados. Quando são concebidos, homens e mulheres são praticamente idênticos. Porém, depois de uns dias, os genes masculinos acionam a liberação da testosterona química. No momento em que essa química flui sobre o cérebro do menino, ela destrói algumas das fibras conectoras entre seu lado esquerdo e seu lado direito. Entretanto, uma lavagem de testosterona equivalente não ocorre no desenvolvimento do cérebro da mulher, e os lados direito e esquerdo do cérebro dela permanecem conectados. Isso mostra que os homens literalmente têm dano cerebral ao nascerem! A fritura de algumas fibras conectoras entre o lado esquerdo e o direito do cérebro faz com que o homem seja linear em seu pensamento. Ele usa apenas um lado do cérebro por vez. É um fato médico.

As mulheres pensam usando os dois lados do cérebro. Elas são como um radar o tempo todo, percebendo tudo. Os homens, por outro lado, são mais lógicos, tentando fazer com que A mais B seja igual a C. As mulheres, em média, são mais sensíveis do que os homens, sensíveis ao som e à luz, assim como às emoções.

Os homens usam o lado esquerdo do cérebro na maioria do tempo. Esse é o lado do cérebro que é orientado em desafios, focado em objetivos e metas. O lado direito do cérebro é mais orientado em sentimentos, cuidados. É melhor em se recordar.

O que quero dizer é: Deus nos fez diferentes por uma razão. Mesmo as mulheres sendo ótimas e talentosas, precisamos da influencia de homens em nossos lares, também, para proporcionar equilíbrio, estabilidade, e proteção. Se você é mãe solteira, você precisa da sua igreja para prover forte liderança masculina para seus filhos. O Senhor disse: *"os corações dos pais se voltem para seus filhos"* (Ml 4:6). Porém, Ele também está dizendo: "Eu preciso de alguns homens que carregarão um fardo, alguns homens que estarão dispostos a dizer: 'Senhor, eu sou Teu.'"

HÁ UM PAI NA CASA

Homens, se um jovem estiver vindo para namorar sua filha, seu silêncio é consentimento. Deixe o controle remoto de lado; desligue sua televisão.

Você precisa encontrá-lo na porta. Ele precisa saber que essa menina com quem ele está tem um papai que estará vigiando. Você precisa olhá-lo nos olhos e dizer: "Quem é você? Quem são seus pais? A qual igreja você vai? Onde vocês irão comer? E que horas exatamente você sairão e que horas estarão em casa?"

Você precisa ir até à escola e conhecer o diretor e os professores. Eles precisam saber que existe um pai que se importa. Isso é o que um pai faz. Ser homem é mais do que trazer um salário para casa. Qualquer um pode fazer isso.

Homens, nós nos tornamos preguiçosos e indiferentes. Temos que entrar no mundo dos nossos filhos! Temos que saber o que está acontecendo! Temos que desenvolver nosso discernimento espiritual a fim de sentir quando as coisas não estão certas em nossa casa!

Se seu casamento está caindo aos pedaços e você está ficando cada vez mais distante, você precisa abrir sua boca e se comunicar. Precisa dizer algo. Precisa fazer algo para quebrar o gelo. Você precisa se aproximar dela; é isso que homens fazem. Ser viril é ser um homem de Deus.

> **Homens têm que desenvolver seu discernimento espiritual a fim de sentir quando as coisas não estão certas em casa.**

Por que você está tão quieto? Abra sua boca e converse com Deus sobre sua família. Converse com Ele sobre o seu casamento. Ficar em silêncio é dar consentimento. Se você está em silêncio, então Deus ficará em silêncio. Porém, se você começar a orar, Deus começará a se mover. Se você começar a falar, Deus começará a falar. Use sua voz e declare sobre sua família bênçãos, identidade e unção, em nome de Jesus. Fique de pé e diga, como Josué: *"Eu e a minha família serviremos ao Senhor"* (Js 24:15).

O Espírito de um Homem

Provérbios 20:27 diz: *"O espírito do homem é a lâmpada do Senhor, e vasculha cada parte do seu ser"*. Eu sempre interpretei esse versículo como significando que quando Deus nos guia, Ele o faz através de nosso espírito.

Ele não fala com a nossa mente; fala ao nosso espírito, pois *"o espírito do homem é a lâmpada do Senhor"*.

Esse versículo sempre me faz perguntar a mim mesmo: *Que tipo de luz meu espírito emite?* Essa é uma pergunta que todos nós precisamos perguntar a nós mesmos, especialmente porque nosso espírito é a lâmpada do Senhor. Deus, que é luz, diz, efetivamente: "A única luz que eu tenho na Terra para invadir as trevas é os espíritos de homens e mulheres".

Em 2 Samuel 16, encontramos a história de Davi, cujo trono foi derrubado por seu filho, Absalão. A Bíblia nos diz,

> *Chegando o rei Davi a Baurim, um homem... chamado Simei, filho de Gera, saiu da cidade proferindo maldições contra ele. Ele atirava pedras em Davi e em todos os conselheiros do rei, embora todo o exército e a guarda de elite estivessem à direita e à esquerda de Davi. Enquanto amaldiçoava, Simei dizia: "Saia daqui, saia daqui! Assassino! Bandido!"*
>
> *2 Samuel 16:5-7*

Davi e seus trinta homens fortes estavam deixando seus lares e suas famílias, correndo para salvar suas vidas. Estavam deixando tudo que possuíam para trás. Eles eram guerreiros, mas estavam revoltados e envergonhados porque não haviam somente perdido tudo, mas agora esse pequeno insignificante chamado Simei atirava pedras e os amaldiçoava enquanto deixavam a cidade.

Um dos homens virou-se e apelou para Davi: *"Por que esse cão morto amaldiçoa o rei, meu senhor? Permite que eu lhe corte a cabeça"* (2 Sm 16:9). Podemos quase ver as veias saltando da testa dele, sua mão no punho da espada, morrendo de vontade de ir e resolver aquela perturbação. Porém, Davi disse,

> *Deixem-no em paz! Que amaldiçoe, pois foi o que o Senhor que mandou fazer isso. Talvez o Senhor considere a minha aflição e me*

retribua com o bem a maldição que hoje recebo.

2 Samuel 16:11-12

Davi disse, em outras palavras: "Isso pode ser Deus me testando, pegando Sua lâmpada e colocando-a em meu espírito para ver que tipo de espírito eu realmente tenho".

O poder que se retém é muito maior do que o poder que se exerce. Um Homem provou isso numa cruz há dois mil anos. Quando foi preso no jardim do Getsêmani, Jesus poderia ter chamado dez mil anjos para descerem, mas Ele recusou fazer isso (ver Mateus 26:53). Imagine Davi olhando para aquele pequeno homem que não era digno de limpar seus sapatos e basicamente dizendo: "Eu creio que Deus está testando meu espírito nessa situação".

A Prova da Pressão

Haverá vezes em que Deus permitirá que a prova, a reclamação, e talvez até a falsa acusação venham a sua vida. Nesse momento, Deus pegará Sua lâmpada e a colocará em seu espírito. Talvez você seja mais forte e tenha mais poder e influência do que seu acusador. Talvez você seja capaz de esmagá-lo. No entanto, Deus sabe que quem você é quando está sob pressão é quem você é. Deus quer ver se você tem o espírito certo diante de adversidade. Deus quer saber se você é capaz de abençoar os que o amaldiçoam, e orar por aqueles que o maltratam (ver Lucas 6:28).

É em tempos de pressão, tempos de crise, que seu verdadeiro espírito se revela. Eu amo caminhar com homens que possuem um bom espírito. Talvez você não seja perfeito. Talvez você falhe. Talvez você faça as coisas errado. Porém, Deus sempre vai para debaixo da superfície para iluminar nossos espíritos, dizendo, efetivamente: "Eu quero ver quanta luz você está emitindo através do seu espírito". Não importa o que acontece na sua vida; não importa quem o machuca; não importa quem corta você no trânsito ou o menospreza no trabalho; não importa o que acontece no seu casamento ou na sua casa, você precisa ter o espírito de Deus, não um espírito amargo, rancoroso, e furioso.

O Espírito de Jesus

Na noite antes da crucificação, uma discussão surgiu entre os apóstolos sobre quem seria o maior no Céu (ver Lucas 22:24). Não era a primeira vez que essa discussão havia surgido (ver Lucas 9:46). Então, sabendo que iria para a cruz nas próximas vinte e quatro horas, Jesus levantou-se, pegou uma bacia de água e uma toalha, e foi por volta da mesa lavando os pés dos discípulos (ver João 13:4-5). Ele inclusive lavou os pés de Judas, que estava prestes a sair para traí-Lo. Eu não consigo imaginar o que eu teria feito quando chegasse a Judas, sabendo, como Jesus sabia, de sua iminente traição. Eu provavelmente teria gritado com Judas, discutido com ele, ou impedido-o. Ao invés, Jesus lavou os pés do homem que iria traí-Lo. Jesus estava demonstrando a eles, além do que palavras jamais poderiam dizer, o espírito de um servo. Depois, Ele os instruiu: *"Pois bem, se Eu, sendo Senhor e Mestre de vocês, lavei-lhes os pés, vocês também devem lavar os pés uns dos outros"* (versículo 14).

> O poder que se retém é muito maior do que o poder que se exerce.

"O espírito do homem é a lâmpada do Senhor". Quanta luz você emite através do seu espírito, através das suas atitudes, e através de quem você é por dentro? Você é zangado e amargo? Você tem esse tipo de espírito? Ou você projeta o Espírito de Jesus?

A Bíblia diz que quando chegarmos ao Céu, Deus irá julgar os *"espíritos dos justos aperfeiçoados"* (Hb 12:23). A palavra *aperfeiçoados* não significa que você é perfeito; significa que você é *maduro* em Cristo. Significa que, mesmo quando as pessoas o amaldiçoam, você segue em frente. Quando você tem a chance de se vingar de alguém que realmente tentou lhe fazer mal, você se segura. Não importa o quanto as pessoas o ofenderam; você precisa superar isso. O desejo do coração de um homem de Deus diz: "Torna-me como Jesus. Dê-me o espírito de perdão. Dê-me o espírito de pureza. Dê-me o espírito de santidade. Dê-me o espírito de amor. Dê-me o espírito de Jesus".

PARTE IV

Os Benefícios
do Discernimento

CAPÍTULO DOZE

Desmascarando os Assassinos do Casamento

Lembrem-se de que o Senhor é grande e temível,
e lutem por seus irmãos, por seus filhos e por suas filhas,
por suas mulheres e por suas casas.
Neemias 4:14-15

Como pastor titular de uma igreja grande, que também tem o privilégio de alcançar milhões a mais através de um ministério de televisão, eu gosto de pensar que Deus tem me abençoado com uma certa quantidade de discernimento espiritual. Porém, eu tenho aprendido que em termos de aplicar esse discernimento a relacionamentos, eu não estou sequer na mesma liga que minha esposa. E sem generalizar muito, a maioria dos homens que eu conheço diria a mesma coisa.

Em diferentes ocasiões ao longo dos anos, minha esposa tem tido a capacidade de sentir quando alguém não tinha boas intenções. Algumas vezes, ela se sentia apreensiva em relação a certas mulheres que estavam tentando aproximar-se de mim. Outras vezes, ela se sentia desconfortável com homens que ela sentia que estava dando em cima dela ou de uma de nossas filhas. Duas coisas tornaram-se muito claras para mim sobre isso: (1) quase todas as vezes ela acertou na mosca; e (2) eu geralmente nem fazia ideia. Aprendi da maneira difícil que quando minha esposa sussurra: "cuidado com essa daí" – é melhor eu prestar atenção no aviso.

A Lacuna de Intimidade

De acordo com o Dr. Tim Clinton, presidente da Associação Americana de Conselheiros Cristãos e editor da premiada revista *Christian Counseling Today*, 67% de todas as mulheres experimentarão um ou mais casos amorosos antes do casamento ou fora do casamento. Alguns especialistas acreditam que esse percentual é muito mais alto. Por que tantas mulheres estão se sujeitando a romances fora do casamento? Muitas dessas mulheres são tentadas porque seus maridos não suprem suas necessidades emocionais.

As mulheres anseiam por intimidade emocional da mesma forma como homens anseiam intimidade física. Consequentemente, assim como homens são vulneráveis à infidelidade na ausência de sexo, as mulheres são vulneráveis à infidelidade na ausência de conexão emocional. Os homens tendem a dar amor para receber sexo; as mulheres tendem a dar sexo para receber amor. Os homens são estimulados pelo que veem, enquanto as mulheres são estimuladas pelo que ouvem. Pense na palavra *intimidade*. É tanto física quanto emocional.

O Caminho para a Destruição

Nenhuma pessoa teria um caso amoroso se pudesse ver aonde isso a levaria no fim das contas. Nós temos que remover o disfarce enganoso com que a imoralidade sexual se encobre. Para Davi, o pecado se embrulhou no corpo da linda mulher, Bate-Seba, enquanto ele a assistia se banhar. Porém, ele não conseguia ver além do fogoso romance sexual, aos efeitos devastadores que seu adultério originaria: um marido assassinado, um bebê morto, uma filha estuprada por seu irmão, e um filho morto por seu irmão. O adultério sempre parece empolgante e excitante, mas sempre traz dor, pesar, e aflição.

Se pudesse apenas ter retirado a beleza de Dalila, Sansão teria visto além do disfarce dela, o que o pecado nunca quer mostrar. Ele teria visto como o homem mais forte da nação terminaria preso, cego, e um escravo. Sansão aprendeu que o pecado tem um efeito vinculador, um efeito que cega, e um efeito desgastante. Que queda para um homem que outrora era um forte homem de Deus. E lá se foi mais uma vítima caindo nas garras da luxúria.

O pecado sexual apenas nos mostra a emoção e a gratificação imediata; ele nunca nos mostra os filhos feridos do divórcio. Nunca nos mostra as doenças sexualmente transmissíveis que devastam o corpo. Satanás apenas nos mostra a suíte de hotel do filho pródigo, nunca

> O engano é a arma número um de satanás, e o discernimento é nossa defesa número um.

seu chiqueiro. Satanás somente nos mostra sua entrada, nunca a saída.

O pecado nunca diz: "Aqui está o que eu realmente sou". O pecado tem que constantemente mudar seu guarda-roupa para não ser reconhecido. O engano é a arma número um de satanás, e o discernimento deve ser nossa defesa número um.

Por vezes demais, colocamos nossas melhores máscaras religiosas para ir à igreja, querendo ter a melhor aparência com nossas fachadas religiosas. Enquanto isso, sérios problemas conjugais escondem-se debaixo da superfície, e estão clamando para serem revelados e curados. Tais máscaras tornam-se tão assassinas que podem matar o que visto de fora parecia um casamento perfeito.

Vamos arrancar fora o disfarce e desmascarar os doze assassinos do casamento que podem estar mirando seu casamento.

Assassino do Casamento nº 1
Um casamento longo é um casamento seguro.

Isso é como dizer: "Só porque você viveu por um longo tempo, você está fisicamente saudável agora". Não necessariamente. Você pode desenvolver uma falsa segurança pensando que, por você estar casado por muitos anos, seu casamento está seguro.

As estatísticas mostram um índice crescente de divórcio entre as pessoas casadas por 25 anos ou mais. Após todos aqueles anos dedicando-se aos filhos e à carreira, o marido e a esposa podem de repente se deparar indo em direções opostas. Eles não possuem mais nada em comum além dos filhos. Uma vez que os filhos partem para a faculdade, o casal descobre que são estranhos sob o mesmo teto. A área comum que eles antes compartilhavam não existe mais.

O que é triste acerca do divórcio é que as pessoas se separam antes de se divorciarem. Anos antes do divórcio de fato, a erosão silenciosa, como ondas na praia, aos poucos desgasta o amor. Seu casamento pode experimentar erosão significativa ao longo dos anos.

Qualquer coisa que não é alimentada vai morrer. Para promover um casamento saudável tem que haver a "manutenção" do casamento. Os cristãos muitas vezes vivem sob a ilusão de que o divórcio não pode acontecer para eles. Porém, ao passarem cada vez menos tempo um com o outro, a faísca do casamento lentamente apaga. É tolo pensar que, desde que você volte para casa toda noite e ocasionalmente tenha relações sexuais com seu cônjuge, você tem um casamento bom.

A morte raramente vem de repente. Primeiro, há os sintomas, que levam a mais doenças, que depois levam à morte. Da mesma forma, a destruição num casamento segue uma progressão. Um casamento fraco torna-se um casamento doente; um casamento doente deixado sem cuidados morrerá. Não espere até que seu casamento morra. Preste atenção aos sinais de aviso. É tarde demais chamar um salva-vidas depois que alguém já se afogou.

Você quer um bom casamento? Preste atenção a ele. Agora é a hora de resgatar seu casamento.

Assassino do Casamento nº 2
Egoísmo e preocupação com *você*.

Algum tempo atrás, eu estava viajando com a minha esposa e nossas três filhas mais velhas. Estava ficando tarde, e eu estava pronto para chegar em casa. Minha esposa pediu que eu parasse numa loja e comprasse uma Coca para ela beber. Em qualquer outro momento, eu teria ficado feliz em acomodá-la, mas a loja ficava do outro lado da estrada, estava tarde, e eu estava cansado. Além disso, estávamos apenas a alguns quilômetros de casa, e havia muita coisa para beber lá. Eu decidi passar direto pela loja e não parar.

Você poderia ter cortado a atmosfera com uma faca. Cherise não falou mais nenhuma palavra comigo durante o restante do caminho para casa. As meninas sabiamente ficaram em silêncio no banco de trás. Enquanto eu saía do carro em casa, ouvi uma voz gelada dizer: "Deixe as chaves no carro". Quando saímos, minha esposa cantou pneu saindo da garagem. (Ela realmente queria aquela Coca!) Eu aprendi uma grande lição ao longo dos três ou quatro dias seguintes em que recebi um gelo. Se ela quiser uma Coca, compre uma Coca para ela! Aprendi a sempre ter um engradado de Coca em estoque.

O casamento requer que coloquemos a outra pessoa em primeiro lugar constantemente. A descrição da função de um marido é encontrada em Efésios 5:25: *"Maridos, ame cada um a sua mulher, assim como Cristo amou a igreja e entregou-Se por ela"*. Isso pode ser resumindo em uma só palavra – *sacrifício*. A descrição da função de uma esposa é encontrada em Efésios 5:22: *"Mulheres, sujeite-se cada uma a seu marido, como ao Senhor"*. Isso pode ser resumido numa só palavra – *submissão*, que quer dizer "mostrar honra". Nós precisamos nos engrenar e começar a nos sacrificarmos e submetermos uns aos outros.

Tenha cuidado para não achar que tudo tem a ver com você. Reconheça os sinais se tudo parece ter a ver com o que *você* tem que ter e o que *você* não está recebendo do relacionamento. Ninguém se divorcia pensando no que seu cônjuge precisa. Tome cuidado do espírito de "eu, meu, mim".

Assassino do Casamento No. 3
Imaturidade

Eu sou sete anos mais velho que minha esposa. Eu disse a ela que eu queria me casar com alguém que pudesse empurrar minha cadeira de rodas muito rápido quando eu ficar velho! Nossa diferença de idade apresentou uns desafios singulares no início do nosso casamento. Cherise tinha apenas dezoito anos quando me casei com ela. Ela pensava que ser casada com um evangelista significava viver uma vida sem preocupação enquanto viajávamos de cidade a cidade. Ela imaginava que seria turismo durante o dia e arrumar-se para ir à igreja de noite. Parece divertido, não? Após cerca de três meses viajando quase sem parar e indo à igreja quase toda noite, Cherise não queria mais aquilo. Ela estava enjoada de morar em quartos de hotel.

Tudo isso chegou a um limite em Washington, D.C. Eu estava pregando um avivamento numa igreja, e ela me informou que estava entediada, e ficando cansada de ir à igreja o tempo todo. Ela disse que queria ir para casa de sua mãe. Depois de uma discussão calorosa, ela saiu do quarto. Isso mesmo; eu também casei-me com uma noiva fugitiva. Durante horas, eu procurei por ela em todo o hotel. Liguei para a mãe dela, e nós dois estávamos em lágrimas preocupados com ela. Estava chegando a hora de ir para a igreja, e eu estava prestes a ter um colapso nervoso. Eu não sabia se alguma coisa tinha acontecido com ela, ou se ela havia sido sequestrada. Acabou que ela havia ido à loja de presentes do hotel e comprado algumas revistas para ler. Em seguida, ela foi para a lavanderia do hotel para me evitar.

Como você pode imaginar, quando cheguei à igreja naquela noite, eu estava um caco. Cherise ainda ri de como eu pedi oração para a congregação porque "eu estava lutando contra o diabo o dia todo!"

Nós resolvemos nossos problemas. Olhando para trás, percebo como foi difícil para minha esposa de dezoito anos de repente ter que parecer tão madura. Com o passar dos anos, eu aprendi a tirar tempo de folga, e ela aprendeu que a vida não é sempre um mar de rosas. Nós dois crescemos – mais ou menos. Entretanto, ocasionalmente ainda sinto que estou "lutando contra o diabo o dia todo". Tenho certeza de que Cherise ocasionalmente deseja uma "vida mais fácil". Orem por nós, irmãos. Orem!

Imaturidade é quando alguém no casamento se recusa a crescer. Lembre-se das sábias palavras de 1 Coríntios 13:11: *"Quando eu era menino, falava como menino, pensava como menino e raciocinava como menino. Quando me tornei homem, deixei para trás as coisas de menino*". Virá um tempo em que ataques de raiva e bicos de cara feia terão que chegar ao fim.

Assassino do Casamento nº 4
Manipulação

A manipulação no casamento ocorre quando você pensa que é tão maravilhoso, e a única razão pela qual se casou com seu cônjuge foi para consertá-lo. No profundo do seu interior, você acha que precisa consertar seu cônjuge, para transformá-lo na pessoa que ele ou ela deveria ser. Muitas vezes, você está tentando tornar seu cônjuge como você, e, a verdade seja dita, você nem gosta de você!

Num relacionamento matrimonial amoroso, às vezes fazemos coisas porque nosso parceiro quer fazê-las. Vamos a lugares porque nosso parceiro quer ir. Curtimos certas coisas porque ele ou ela as curte. O mesmo não acontece no casamento manipulador, em que um parceiro tentar transformar o outro naquilo que o parceiro quer que ele ou ela seja, ao invés do que Deus fez aquela pessoa para ser.

Assassino do Casamento nº 5
Falta de Comprometimento

Seu cônjuge precisa saber que, aconteça o que acontecer, que você não irá deixá-lo. Talvez no altar do casamento você tenha dito seus votos a um magro, com uma cintura de 80 cm, mas agora ele é um barrigudo de 110 cm de cintura. Talvez ele tenha casado com um tamanho 42 e agora está casado com um tamanho 50. Casamento é um compromisso apesar das mudanças pelas quais os relacionamentos – os as pessoas nele – passam. Lembre-se daqueles votos: "Na riqueza e na pobreza, na saúde e na doença, até que a morte nos separe".

Eu ouvi a história de um presidente de uma universidade na Carolina do Sul cuja esposa foi diagnosticada com Alzheimer. Todos os dias esse homem sentava-se ao lado dela e lia histórias para ela. Com o tempo, ele decidiu renunciar a seu prestigioso cargo na universidade a fim de passar mais tempo com ela. Em sua despedida, um dos membros do conselho lhe perguntou por que ele estava renunciando, dizendo: "Sua esposa nem mesmo sabe quem o senhor é". Sua resposta foi clássica: "Há cinquenta anos, eu firmei um compromisso com ela, e apesar de ela talvez não saber quem eu seja, eu sei quem ela é."

Numa sociedade sem compromisso, uma das chaves para a felicidade é o caro compromisso.

Assassino do Casamento n° 6
Promiscuidade

Nós vivemos numa sociedade voltada para o sexo. Em todos os lugares para os quais olhamos a mídia está nos bombardeando com mais sexo. A tecnologia moderna tem aberto enormes avenidas de oportunidades para quem procura companhia, compreensão, ou sexo. Pornografia, sexo virtual, *webcams*, e salas de bate-papo têm atraído milhões para suas garras ao dar a ilusão de que estão oferecendo exatamente aquilo do que você sente falta.

> A realidade do casamento não pode competir com a fantasia da internet.

A realidade do casamento simplesmente não pode competir com a emoção temporária de romances casuais, ou com a fantasia da internet. Num caso amoroso, você enxerga apenas o melhor da outra pessoa. Você não lava as roupas íntimas dela; apenas a vê tirando-as e colocando-as. Porém, quando você se casa, vê a outra pessoa, verrugas e tudo. Descobre que o casamento inspira e expira, e tem seus altos e baixos.

Há três tipos de amor em todo casamento:

Amor quente: O sexo é ótimo. É ousado, divertido, e livre! Seu casamento não pode operar no nível de amor quente o tempo todo. O amor quente é muito parecido com a chita que eu mencionei antes – é veloz, mas não pode sustentar por muito tempo.

Amor morno: Vocês estão casados há algum tempo, e tiveram alguns filhos. Os dois estão correndo de um lado para o outro tomando conta das crianças e trabalhando para construir suas carreiras. Consequentemente, estão cansados e ocupados, então as coisas naturalmente começam a esfriar no relacionamento.

Amor frio: Isso inclui um período de diminuição de relações sexuais. Algumas vezes, isso deriva de atrito no casamento, e outras vezes é devido a doenças ou limitações físicas, mas o amor frio é o amor mais importante porque é o amor da aliança. É baseado num compromisso com o outro, não importa o que aconteça.

Todos os casamentos exibirão todas essas três temperaturas. A razão pela qual o amor frio é o mais importante é que quando dominamos o amor frio, as outras duas temperaturas sempre voltam. Um casamento vai de amor quente a amor morno a amor frio, mas se vocês têm compromisso um com o outro, não ficará frio para sempre. Irá novamente voltar ao amor quente que vocês uma vez conheceram.

Assassino do Casamento nº 7
Estresse

Quando o marido e a esposa trabalham e não têm tempo um para o outro, o estresse pode assassinar o casamento. Eu recomendo uma noite de namoro por semana, onde você e seu cônjuge se afastem de tudo e de todos apenas para passarem tempo juntos. Talvez sair para jantar e assistir a um filme seja uma ideia que você curtiria com seu cônjuge.

Às vezes, seu cônjuge possa estar tão exausto do estresse que você tem que reanimá-lo. Talvez você tenha que reavivar a pessoa agradável que tem se escondido dentro dele quando levá-lo para uma noite de descanso e romance.

Assassino do Casamento nº 8
Pressão Econômica

Discutir sobre dinheiro pode destruir seu casamento. O que juntou vocês não tem nada a ver com dinheiro. Quando se casaram, a vida só tinha a ver com ficarem juntos. É tão fácil perder isso de vista.

Para muitos casamentos, eu realmente recomendo cirurgia plástica. É quando você corta aqueles cartões de crédito de plástico que estão cobrando 12% de juros por mês. Encaixe-se no orçamento. Pare de competir com os vizinhos – você não conhece a situação deles!

Assassino do Casamento nº 9
Interferência Externa

Não permita que sua mãe ou sua sogra, seu ex-cônjuge, seu melhor amigo, seus filhos, colegas de trabalho, ou terceiros se coloquem entre você e seu cônjuge. A Bíblia diz: *"Por essa razão, o homem deixará pai e mãe e se unirá à sua mulher, e os dois se tornarão uma só carne"* (Mt 19:5).

Salmos 1:1 diz: *"Como é feliz aquele que não segue o conselho dos ímpios"*. Nunca permita que pessoas ímpias aconselhem você sobre seu casamento. Tome cuidado com a interferência externa.

Assassino do Casamento nº 10
Falta de Perdão

Num casamento, o espírito do perdão deve operar continuamente. Toda vez que entra numa discussão, você é o tipo de pessoa que volta ao passado e traz à tona sujeira antiga? Se sim, então você está sabotando seu casamento.

Vocês não podem mudar o que aconteceu no passado. Então, precisam admitir, parar, e esquecer. Tudo que lhes resta é o futuro, então se comprometam a construir seu futuro juntos. Sejam rápidos em perdoar. Você pode até dizer: "Mas ele ainda não me pediu perdão". Jesus perdoou na cruz antes que Seus assassinos Lhe pedissem perdão. Ele orou: *"Pai, perdoa-lhes, pois não sabem o que estão fazendo"* (Lc 23:34).

Assassino do Casamento nº 11
Comparação

Comparar seu cônjuge constantemente com outros é muito prejudicial ao seu relacionamento. "Eu gostaria que minha esposa fosse bonita assim." "Meu marido simplesmente não supre minhas necessidades emocionais como o marido dela faz." "Eu gostaria que meu cônjuge fosse à igreja aos domingos assim como os outros fazem."

Logo, logo, você está convencido de que a grama deve ser mais verde do outro lado. Comparar seu cônjuge com outros pode levar a fantasias sobre estar com outro homem ou outra mulher.

Vamos ser honestos. Sempre haverá alguém mais bonito, mais inteligente, e mais bem-sucedido do que seu marido. Sempre haverá alguém mais bonita, mais magra, e mais inteligente do que sua esposa. Segunda Coríntios 10:12 diz: *"Quando eles se medem e se comparam consigo mesmos, agem sem entendimento"*.

Você tem fantasias sobre ter intimidade com outra pessoa? Você conversa com estranhos em salas de bate-papo da internet?

"Que mal uma fantasiazinha pode fazer?" você diz.

Assim como você ficaria ofendido se os olhos de seu cônjuge se desviassem, seu cônjuge tem o direito de ficar ofendido quando sua mente se desvia. Não há problema em ter fantasias se elas são restritas ao seu cônjuge; caso contrário, ter fantasias é infidelidade mental e emocional.

Assassino do Casamento nº 12
O Ambiente Errado

Muitas vezes, quando as pessoas erram moralmente é porque se permitiram estar no lugar errado na hora errada. Segundo Samuel 11:1-2 diz: *"Na primavera, época em que os reis saíam para a guerra,... Davi permaneceu em Jerusalém... e foi passear pelo terraço do palácio"*. Esse versículo descreve a tarde em que Davi viu Bate-Seba tomando banho. Ele estava no lugar errado na hora errada. Você tem que ser capaz de discernir quando está no limite da luxúria. É perigoso estar sozinho no lugar errado com a pessoa errada.

Evite "ambientes de quarto". Você tem a química para que qualquer coisa aconteça; não importa quão espiritual você seja. Casado ou solteiro, a chave é não se colocar em situações onde não deve sequer estar.

Um homem cego sempre estará em vantagem numa sala escura. Por quê? Porque você estará no território dele. Se um homem cego quiser dar uma surra em você, tudo que ele tem que fazer é apagar as luzes. Satanás é o príncipe das trevas, então ele tenta atrair você para a escuridão onde ele tem vantagem. Fique longe do território dele!

Lembre-se, o pecado sexual sempre se disfarça primeiro. Ele pode começar com uma "inocente" amizade ou vínculo emocional com uma pessoa do sexo oposto. Ao progredir, uma fortaleza mental de luxúria irá se desenvolver. Antes que perceba, toda manhã ao se vestir você escolhe seu traje baseado em tentar estar atraente a ele ou a ela.

Isso é perigoso em muitos níveis e pode agir contra você em seu emprego assim como em seu casamento. No ambiente de trabalho, tome cuidado. É sábio manter as portas do escritório abertas quando estiver reunindo-se com pessoas do sexo oposto. Até mesmo um abraço casual pode levar a um mal-entendido. Se você é casado, você nunca deve estar num carro sozinho ou ir almoçar sozinho com alguém do sexo oposto. O diabo não tem autoridade de tentá-lo além do que você pode suportar (ver 1 Coríntios 10:13), mas se você estiver no ambiente errado, a necessidade de se conectar intimamente com alguém tomará o controle. Guarde seu afeto íntimo para sua família imediata somente.

Decida quais são seus princípios antes de entrar numa situação tentadora. Construa sua cerca antes que as circunstâncias deem errado (ver Jó 1:10). Dessa forma, quando a tentação vier, você já terá tomado a decisão. Se você tiver que esperar até que a crise venha para preparar sua mente acerca de como se comportar, será tarde demais. Se uma voz interior diz, *Algo não está certo neste ambiente*, ouça-a. Quando for confrontado com uma situação tentadora, seja como José em Gênesis 39:15 – fuja!

Hoje, um lar feliz, um bom casamento, e uma família amorosa são espécies em extinção. Existem cada vez menos famílias tradicionais. Os índices de divórcio continuam subindo, e o número de casais não casados morando juntos continua elevando-se. Infelizmente, quando a família se separa, as chances de os filhos servirem a Deus diminuem bastante.

As duas maiores instituições da Terra são a família e a igreja, e é por isso que satanás mira nelas duas. Se o lar é a prioridade número um do diabo e seus assassinos do casamento, é melhor você torná-lo sua prioridade também!

Fico muito preocupado com a desvalorização dos votos sagrados do casamento. Neemias 4:14 diz: *"Lutem por seus irmãos, por seus filhos e por suas filhas, por suas mulheres e por suas casas"*. Seus amados são uma causa pela qual vale a pena lutar. Lute pela sua família! Famílias fortes produzem uma igreja forte e uma nação forte.

Você não pode permitir-se brincar com o pecado sexual. Você não pode permitir-se comprometer suas convicções. Se fizer isso, seus filhos e os filhos dos seus filhos serão negativamente afetados. Você tem que permanecer firme na Palavra. Cerque-se de altos padrões morais e fortes convicções pessoais. Nós sabemos como a natureza humana é – uma vez que começamos a abaixar os padrões, abrimos a porta. Se você não quiser cometer adultério, então não devolva aquele olhar ou aquela piscadela. *"Afastem-se de toda forma de mal"* (1 Ts 5:22).

Talvez você às vezes se sinta pressionado para ser legal com as pessoas que estão se comportando inadequadamente e pedindo que você comprometa seus padrões. Talvez você diga: "Se eu falar para elas pararem, elas pensarão que eu estou sendo grosseiro".

> As duas maiores instituições da Terra são a família e a igreja, e é por isso que satanás mira nelas duas.

Você não estará sendo grosseiro; estará sendo fiel ao seu cônjuge e a Deus. Você está numa situação de pressão no trabalho? Seus padrões pessoais podem afetar gerações futuras da sua família. *"Porque Eu, o Senhor teu Deus, sou Deus zeloso, que castigo os filhos pelos pecados de seus pais até a terceira e quarta geração daqueles que Me desprezam"* (Êx 20:5).

Deus tem padrões; Ele estabeleceu limites e fronteiras para nós. Nós não somos deste mundo. Nossa obrigação com Deus é ser um farol sobre um monte, e não a desaparecer na escuridão (ver Mateus 5:14).

Peça ao Senhor força nessas áreas do seu casamento. Simplesmente peça: "Senhor, dá-me a coragem para defender o que é certo! Mesmo que me custe caro, mesmo que eu sinta pressão de cima para me comprometer, ajuda-me a lembrar que algumas coisas simplesmente não estão a venda. Obrigado, Senhor".

CAPÍTULO TREZE

Discernindo a Tentação Sexual

A vontade de Deus é que vocês sejam santificados:
abstenham-se da imoralidade sexual.
1 Tessalonicenses 4:3

Eu sugiro que todos os pais que estiverem lendo este livro compartilhem este capítulo com seus filhos adolescentes. Nós vivemos numa sociedade que pede que moças e rapazes tornem-se adultos da noite para o dia. Muitos jovens têm sido treinados para pensar que uma vez que fizerem sexo, se tornarão homens e mulheres "de verdade"; até que façam isso, são apenas pequenos meninos e meninas.

"Garotas Selvagens" parece ser o tema moral dos nossos tempos atuais. As imagens sexuais destorcidas que a cultura pop continua a produzir, promovendo tudo desde experiência homossexual a sexo casual, estão em contradição direta com a Palavra de Deus.

As influências negativas da mídia, da música, dos filmes, e das revistas de moda estão fazendo lavagem cerebral numa geração de jovens homens e mulheres para acreditarem que é perfeitamente normal ser sexualmente ativo antes do casamento.

"Não tem nada de mais", "Todo mundo faz", "Não pode ser errado se parece tão certo", são as respostas de homens e mulheres, jovens e velhos, que estão tomando decisões erradas que lhes parecem certas. Provérbios

14:12 diz: *"Há caminho que parece certo ao homem, mas no final conduz à morte"*.

Você tem que lembrar que mesmo os "bons cristãos" não estão isentos da tentação. Muitas vezes, são os "bons" filhos, filhos que dizem saber que ter relação sexual é errado, que perguntam: "Até onde posso ir sexualmente?" Quando tem a ver com integridade sexual, a maioria das pessoas quer uma lista de certo e errado. O que elas realmente querem saber é: "Como posso escapar impune?"

Qual é a resposta para: "Até onde posso ir sexualmente?" Depende do seu destino. O destino determina a rota. Se você quer alcançar o plano divino de Deus para a sua vida, então faria você lembrar-se de 2 Timóteo 2:22: *"Fuja dos desejos malignos da juventude"*.

Muitos adolescentes hoje acreditam que qualquer coisa menos que ter relação sexual está bem. Isso é um engano. É chocante saber que vivemos numa sociedade em que jovens meninas são desafiadas por suas "amigas" a fazer sexo oral na parte de trás dos ônibus escolares, e é ainda mais chocante saber que elas estão fazendo isso. Isso seria porque a sociedade tem tentando nos convencer de que o sexo oral não é "sexo de verdade"?

Mudando a Moralidade Sexual

Em 1998, o presidente Bill Clinton alegou que não teve relações sexuais com Monica Lewinsky. Ele alegou que sexo oral não era tecnicamente fazer sexo. Apesar de seus acusadores não aceitarem seus argumentos, infelizmente muitos jovens aceitaram. De acordo com a edição de outono de 1999 da revista *Seventeen*, de 723 adolescentes, meninos e meninas, de idades entre 15 e 19 anos, 49% consideravam sexo oral inferior à relação sexual; 40% disseram que sequer contava como sexo.

A sexualidade é um presente de Deus para você. Você tem que protegê-la e lutar por sua pureza! Ezequiel 23:3 diz: *"Prostituíram-se na sua mocidade; ali foram apertados os seus seios, e ali foram apalpados os seios da sua virgindade"*(ACF). Efésios 5:3 enfatiza que crentes nem mesmo deveriam permitir a menção de imoralidade sexual importunar suas vidas.

Apesar de o sexo antes do casamento não ser uma opção bíblica para cristãos solteiros, alguns recorrem a contornar as regras – afagos íntimos, amassos, dança vulgar, carícias, e fazer sexo de roupa. Você está seguindo na direção errada. O que você espera que seja o resultado final? Não há necessidade de se frustrarem sexualmente. Nem vá até lá!

> **A sexualidade é um presente de Deus para você. Você tem que protegê-la e lutar por sua pureza!**

Infelizmente, nossa sociedade muitas vezes sustenta um padrão duplo que diz que isso é coisa de menino, e que as meninas têm que discernir as tentações sexuais. A seguir há uma lista de sete falas que os garotos tipicamente dizem para as meninas a fim de pressioná-las a se envolverem em atividade sexual antes do casamento:

1. "Se você realmente me amasse, você faria."
2. "Todo mundo está fazendo."
3. "Estou tão excitado, não consigo parar."
4. "Você não ficará grávida."
5. "Se você engravidar, eu me casarei com você."
6. "A gente vai se casar mesmo."
7. "Ninguém nunca saberá disso."

Se satanás puder persuadir jovens moças a acreditarem em apenas uma dessas mentiras, então ele terá roubado sua pureza e integridade sexual. Nós devemos ensinar nossas filhas a preservarem e guardarem sua virgindade. Devemos ensinar nossos filhos a respeitarem o sexo como algo sagrado que é reservado para o casamento. Estatísticas mostram que 42% dos adolescentes, de idades entre 13 e 17 anos, consideram ter um bebê fora do casamento algo moralmente aceitável.[2] Se nós não incutirmos em nossos filhos e filhas a beleza e a santidade do sexo dentro do casamento,

---

[2] Linda Lyons, *Teens' Marriage Views Reflect Changing Norms*, The Gallup Organization, 19 de novembro de 2003.

> É fácil comprometer-se de pequenas formas, mas são mais perigosas do que parecem.

quem o fará? A pressão para ir junto com a multidão é maior do que nunca. A necessidade de se encaixar e ser aceito a qualquer preço fará com que você viva uma vida de arrependimento.

Apesar de vivermos num ambiente externamente hostil, devemos constantemente renovar nossas mentes na Palavra de Deus e guardar nossos corações do mal. É fácil comprometer-se de pequenas formas que, na realidade, são mais perigosas do que parecem.

Não há nada de errado em se divertir ou querer ser atraente ao sexo oposto, mas você tem que aprender a se proteger de relacionamentos destrutivos que procedem da luxúria.

Cuidado com os Sinais Sexuais

Moças, uma das coisas que vocês devem evitar é vestir roupas sugestivas. A fraqueza de todo homem é um corpo feminino. Quando veste suas roupas, você sabe exatamente que tipo de reação e efeito elas terão nos homens. Acerca da comida, dizem que a apresentação é tudo; o mesmo é válido para o corpo. Vestir-se de acordo com a moda e de forma atraente é diferente de vestir-se de uma forma que exibe seu corpo como se você estivesse enviando um convite sexual. As coisas certamente têm mudado há alguns anos. Agora, não é incomum ver uma mulher cristã passeando pela rua vestindo uma blusa curta e uma calça jeans de cós baixo só para mostrar seu *piercing* no umbigo.

A maneira como você se veste ensina as pessoas a como tratarem você. Ensina ao sexo oposto a respeitar ou desrespeitar você pelo traje que está vestindo. Primeira Timóteo 2:9-10 ensina as mulheres a se vestirem *"modestamente, com decência e discrição... mas com boas obras, como convém a mulheres que professam adorar a Deus"*. Se aquela voz interior sussurrar: *Esse decote está grande demais, Essa saia está curta demais, ou Essa calça jeans está muito apertada*, você deveria ouvi-la. Que as remidas do Senhor se vistam assim, e não apenas falem assim!

E, homens, não permitam que seus olhos sejam a porta de entrada para as luxúrias da carne. É impossível evitar estar exposto a todas as tentações lá de fora, mas vocês podem ficar longe de situações que podem lhes causar problemas. Cuidado com a TV a que vocês assistem e os sites da internet que visitam. Protejam sua mente de acessar imagens impróprias. O sexo antes do casamento apenas aparenta ser livre de compromisso. Porém, na realidade, leva ao vício, a doenças sexualmente transmissíveis, à gravidez indesejada, a problemas conjugais, e à infidelidade.

O custo de ultrapassar o sinal vermelho sexual é muito alto. Você deve equilibrar o poder externo das hostilidades do mundo com uma confiança interna de convicção moral e dedicação. Primeira Tessalonicenses 4:3 diz: *"A vontade de Deus é que vocês sejam santificados: abstenham-se da imoralidade sexual"*. A palavra abster-se significa "deixar de fazer algo por vontade própria".

É possível medir que tipo de cristão você é pelo custo que você está disposto a pagar. O que sua vida cristã está lhe custando? Vestir-se modestamente custa algo. Custa monitorar os programas de TV, os filmes, e música que você escuta. Custa perder toda a suposta diversão da qual todo mundo desfruta porque o que estão fazendo viola seu código de ética. Custa decidir não ser popular com o sexo oposto por todas as razões erradas.

> É possível medir que tipo de cristão você é pelo custo que você está disposto a pagar.

Vivemos numa sociedade em que qualquer coisa vale. Quero lhe fazer uma pergunta. Você se depara fazendo coisas que sente a necessidade de esconder? (ver 1 João 1:6). Se você está escondendo coisas dos seus pais, tais como recadinhos de amor ardentes, livros, ou filmes dos quais você teria vergonha de falar na igreja, então você está pisando na escuridão para fazer coisas das quais tem vergonha de fazer na luz.

Deus Redime e Restaura

Talvez você já sinta que estragou as coisas devido ao que fez em seu passado. Acha que nenhum homem ou mulher respeitável iria querer você.

Talvez você sinta como se tivesse que dar aos homens o que eles querem, ou ninguém irá querer namorar ou casar com você. Talvez você já tenha cedido à tentação e agora não sabe como uma garota "pura" irá aceitá-lo.

Eu posso afirmar que Deus designou alguém para amar você. Fique tranquilo sabendo que ele ou ela está vivendo e respirando agora mesmo em algum lugar deste planeta. Ele ou ela irá amar a Deus e amar você apaixonadamente. Sua tarefa é confiar no Senhor e a partir deste dia guarde-se somente para esse alguém especial que Deus enviará para você.

Deus é um casamenteiro! Quando Ele amarra o nó num relacionamento, ele fica firme – se você não desfizer o nó. Eclesiastes 4:12 diz que um cordão de três dobras não se rompe facilmente. Você não pode ter um cordão de duas dobras, que é um relacionamento comprometido apenas um com o outro. Você tem que ter um relacionamento de cordão de três dobras: você, seu par, e Deus entrelaçados juntos num relacionamento amoroso.

De acordo com a Bíblia: *"outros ... se fizeram eunucos por causa do Reino dos céus"* (Mt 19:12). Ser um eunuco é ser sexualmente inativo. Você pode lidar com seus anos de solteiro e sexualmente inativo de uma dessas três formas: sendo reclamão, desesperado, ou perseverante.

Você reclama o tempo todo porque não é casado ou, dependendo da sua idade, porque não está namorando tanto quanto acha que deveria estar?

Ou você é um desesperado? Você vai agarrar qualquer pessoa com quem possa namorar ou casar, independentemente da reputação. Você é como aquela velha senhora que estava orando debaixo da árvore pedindo um marido a Deus, quando ouviu uma coruja na árvore dizer: "Whooooo, whoooo!" Ela respondeu: "Qualquer um, Senhor. Qualquer um serve!"

Qualquer um não serve! Não seja um reclamão nem um desesperado – seja perseverante. Alguém que permanece firme no propósito de Deus. Deus disse que não era bom que o homem estivesse sozinho, então, é bem provável que a vontade Dele seja que você se case. Talvez você pergunte: "E quanto a Paulo?" Ele era solteiro, sim, mas a menos que você tenha se doado totalmente para a obra de Deus de modo que não deseje se casar, então o Senhor tem alguém para você quando for o tempo certo. Talvez você não entenda agora, mas o tempo de Deus é perfeito.

Aos homens e mulheres que estão pretendendo se casar, eu perguntaria: "Quais são os seus sonhos? Quais metas você estabeleceu para si mesmo e quer alcançar antes do casamento?" Você precisa de firmeza no propósito de Deus para a sua vida. Você precisa usar esse tempo de espera como um tempo de preparação. Se você for uma pessoa pela metade, atrairá um par pela metade. Pare de atrair metades e comece a atrair inteiros. Tem tudo a ver com o Seu tempo! Use esse tempo sozinho para se firmar no plano de Deus para sua vida. Você possui bagagem emocional que precisa ser descarregada? Você tem suas finanças em ordem? Aproveite esse tempo para se preparar para o casamento.

> Se você esperar em Deus e for sexualmente puro, então Ele trará o par certo a você quando for o tempo certo.

Note duas coisas sobre o primeiro casamento em Gênesis. Primeiro, Deus sabia de que tipo de par Adão precisava; e segundo, foi Deus que trouxe Eva a Adão. Não é ilusão acreditar que se você esperar em Deus e for sexualmente puro, então Ele trará o par certo a você quando for o tempo certo. Não perca tempo valioso até lá.

Alguns anos atrás, eu falei para 24 mil adolescentes em Knoxville, Tennessee. A mensagem que eu preguei se tornou uma das minhas mais pedidas. Seu título era "Fique Com as Suas Roupas Íntimas!" Êxodo 28:42-43 nos diz o que os sacerdotes que iam até a presença de Deus deveriam usar: *"Faça-lhes calções de linho que vão da cintura até a coxa, para cobrirem a sua nudez"* (versículo 42). Por baixo do roupão branco, o sacerdote era ordenado a "ficar com suas roupas íntimas". Não importa quão religioso o sacerdote parecia por fora em seu roupão sacerdotal, se por baixo da vestimenta religiosa ele não estivesse vestido seu calção de linho, Deus não iria permitir que ele vivesse na presença Dele (ver Êxodo 28:43). Em essência, o sacerdote tinha que ter integridade pessoal em sua vida particular.

Por fora, muitas pessoas têm aperfeiçoado sua imagem religiosa. Parecem uma coisa por fora, mas, em particular, são outra. Primeira Samuel ensina: *"o homem vê a aparência, mas o Senhor vê o coração"* (1 Sm 16:7). Se você quiser viver na presença de Deus e obter o favor Dele na sua vida, então você tem que "Ficar Com as Suas Roupas Íntimas!"

Eu esperei até ter 25 anos de idade para me casar. Eu era virgem, e minha esposa também. Não acredite da mentira enganosa de satanás quando ele diz que não é possível permanecer sexualmente puro até o casamento. Nós dois éramos virgens. Hoje temos cinco filhos, então obviamente compensamos todos aqueles anos de abstinência!

> Existem intimidades reservadas para a amizade, outras para o namoro, e outras apenas para o casamento.

Quando Cherise e eu começamos a namorar, não demorou muito até que começamos a cumprir o versículo, *"Saúdem uns aos outros com beijo santo"* (Rm 16:16). Esse se tornou nosso versículo favorito. Enquanto nosso relacionamento progredia, nós nos apaixonamos profundamente. Depois que ficamos noivos, sentimos que precisávamos cumprir outro versículo o mais rápido possível: *"é melhor casar-se do que ficar ardendo de desejo"* (1 Co 7:9). Nós inclusive adiantamos a data do casamento.

Naturalmente, quando você começa a namorar, o relacionamento se desenvolve e haverá intimidades diferentes reservadas para cada estágio do relacionamento. Compreenda que existem algumas intimidades reservadas para a amizade, outras para o namoro, e outras apenas para o noivado. É claro, a relação sexual é reservada para os confins do casamento apenas.

Eu entendo que você não irá até alguém e dizer: "Oi, João, eu sou a Maria. Vamos nos casar em seis meses. Te vejo lá no altar". Primeiro, passamos por um processo de crescimento e de intimidade. Você deve tomar todo cuidado para não permitir que um nível de intimidade que não seja sexualmente legítimo entre em relacionamentos dos quais ele não faz parte.

Primeira Tessalonicenses 4:3-6 diz:

*A vontade de Deus é que vocês sejam santificados: abstenham-se
da imoralidade sexual. Cada um saiba controlar o próprio corpo
de maneira santa e honrosa, não dominado pela paixão de desejos
desenfreados, como os pagãos que desconhecem a Deus. Neste assunto,
ninguém prejudique seu irmão* [ou irmã] *nem dele se aproveite.*

Paulo estava dizendo que não devemos despertar desejos sexuais em
outra pessoa os quais não podemos satisfazer de forma moralmente correta. Eu sei que quando amamos alguém e planejamos casar e passar o resto
de nossas vidas juntos, é difícil ir embora quando o desejo de um pelo
outro é tão forte. Porém, acredite em mim, isso pode ser feito.

Por que você deveria manter sua pureza sexual?

1. Para não envergonhar o nome de Jesus.

Sansão caiu no pecado sexual, e os filisteus zombaram do Deus dele
(ver Juízes 16:23-25). Quando comprometemos nossa integridade sexual,
afundamos o nome sagrado de Jesus na lama. Todos nós já vimos isso
acontecer, especialmente quando a falha moral é exposta no clero.

2. Para que seu testemunho não sofra descrédito.

Esse pecado enfraquece seu testemunho diante de todas as pessoas
para quem você já testemunhou. Seu testemunho sofrerá descrédito porque o que você estava oferecendo não funcionou.

3. Para que você não contraia doenças sexualmente transmissíveis

Hoje, não existem somente pregadores pregando sobre abstinência,
mas médicos e especialistas em saúde estão alertando que ter múltiplos
parceiros sexuais pode custar sua vida – ou a do seu amado!

Se em algum momento você discernir que um alarme está soando em
seu espírito dizendo: *Cuidado! Isso não está certo*, é melhor ouvi-lo. Deus

colocou aquele sistema de alerta lá. Talvez você o tenha ignorado no passado, mas a partir de agora, você deve escutá-lo.

Não ignore repetidamente a voz de discernimento dentro de você, ou você poderá se tornar insensível ao perigo real. Lembre-se, ninguém pode guardar seu corpo e sua pureza sexual a não ser você mesmo. Defender sua virgindade é sua responsabilidade.

Eu quero enfatizar o fato de que se você é solteiro e sexualmente inativo, você não é um esquisitão! Se você for o melhor de Deus, Ele enviará o melhor Dele para você!

Quantas vezes você já leu aquelas manchetes deploráveis na fila do caixa do supermercado? "Aprenda a agradar ao seu homem!" "Perca Peso em Dez Dias!" "Seja Feliz!" O tempo todo, a mídia foca em maneiras "infalíveis" de ajudar mulheres a se tornarem mais felizes, mais fortes, e mais bem-sucedidas na vida. Milhões de dólares são gastos em propagandas criadas especificamente para aquelas que se sentem menos que adequadas em uma ou mais áreas de suas vidas. Eu não tenho problema com revistas que promovem boa saúde ou melhoras de estilo de vida para mulheres; eu simplesmente odeio o fato de que tantas mulheres não estão encontrando a verdade sobre quem são e o que possuem.

A beleza é boa, e muito apreciada pelos homens. Eu agradeço a Deus porque eu tenho uma linda esposa; porém, mais importante, agradeço a Deus porque tenho uma esposa com discernimento. A verdadeira beleza vem de dentro, assim como a verdadeira felicidade vem de dentro. Provérbios 31:10 faz a seguinte pergunta: *"Mulher virtuosa quem a achará? O seu valor muito excede ao de rubis"* (ACF). O marido dela pode confiar plenamente nela. Ela fará bem e não mal a ele em todos os dias de sua vida (ver Provérbios 31:11-12).

Moças, a fim de alcançarem tudo que desejam – beleza, saúde, felicidade, sucesso, e bons relacionamentos – vocês têm que saber a verdade sobre como alcançar essas coisas. Não é através de conseguir o tamanho de manequim ideal ou de aprender como agradar a um homem. Não, a maneira de alcançar tudo que desejam é tornando-se a mulher que Deus as criou para serem. Foquem em agradar a Ele.

Homens, o que está por dentro é muito mais importante do que está por fora. A beleza é vã; ela se acabará, mas a beleza interior de uma mulher de discernimento permanecerá. Ela deixará um legado por muito tempo depois que tiver partido. *"Seus filhos se levantam e a elogiam; seu marido também a elogia... A beleza é enganosa, e a formosura é passageira; mas a mulher que teme ao Senhor será elogiada"* (Pv 31:28,30).

CAPÍTULO CATORZE

Discernimento para Ganhar sua Família

Creia no Senhor Jesus,
e serão salvos, você e os de sua casa.
Atos 16:31

Você já percebeu que existem mais mulheres na igreja do que homens? Cada vez mais, as mulheres estão achando necessário se tornarem as líderes espirituais de seus lares. É bem mais comum que a mulher encontre a Deus primeiro; depois, espera-se que o marido a siga em seus passos espirituais. É um caso raro quando o marido está sedento de Deus e a esposa escolhe ficar em casa.

O que você faz quando tem uma experiência com Deus antes que seu par tenha?

Em Juízes 13, lemos sobre um caso de incompatibilidade conjugal, parental, e espiritual. O pai de Sansão, Manoá, era uma pessoa passiva, despreocupada, e reservada. O nome *Manoá* na verdade significa "descanso". Não há nada de errado com um homem moderado que possui um temperamento calmo. Entretanto, esse versículo indica que ele também era reservado e despreocupado em relação às coisas espirituais.

A esposa de Manoá é uma das mulheres do Antigo Testamento cujo nome é desconhecido. Tudo que sabemos sobre ela é que ela era estéril e permaneceu sem filhos por um longo período de tempo até que um anjo do Senhor apareceu, não a Manoá, mas a ela. Deus lhe informou que ela teria um filho e lhe instruiu a criar a criança observando o voto de nazireu – uma vida disciplinada com rígidas regras de dieta e higiene (ver Juízes 13:3-4.)

É algo significativo que o anjo tenha aparecido, não a Manoá, mas a sua esposa. O anjo informou a ela diretamente ao invés de passar pelo marido.

Como uma mulher deveria agir quando Deus fala com ela primeiro? O que você faz quando seu parceiro é reservado e despreocupado com as coisas espirituais e você não é? O que você faz quando está empolgado sobre Jesus, a igreja, e a Palavra de Deus, mas ele raramente quer ir à igreja ou discutir sobre questões espirituais? É difícil quando você chega em casa animada com o que o Senhor está fazendo na sua vida, enquanto seu marido está roncando no sofá, ou lá fora jogando futebol, ou assistindo a esportes na TV.

A incompatibilidade espiritual é um problema de verdade para muitos casais. Isso afeta o relacionamento em todos os níveis. É uma grande área de provação para muitos casamentos, e é preciso uma esposa sábia para saber como lidar com esse desafio.

ESTIMULE A INVEJA ESPIRITUAL

A esposa de Manoá é um exemplo perfeito de uma mulher cujo casamento era incompatível em vários níveis diferentes. Ela teve um encontro espiritual com Deus antes de seu marido. Depois, o anjo do Senhor lhe deu instruções específicas sobre como criar seu filho, Sansão. Manoá e sua esposa experimentaram incompatibilidade parental e espiritual.

Sansão deveria ser criado como nazireu. O voto de nazireu era um ato de consagração. A pessoa que fazia esse voto deveria evitar qualquer coisa relacionada à videira (nenhum vinho ou outra bebida), não podia tocar em nada que estivesse morto, e não deveria cortar o cabelo até a resolução do voto. Essa criança deveria ser separada e isolada para o uso de Deus. Ela viveria com um estilo de vida restrito que iria requerer grande disciplina. A fim de criar um filho de acordo com o voto de nazireu, o pai e a mãe tinham que ser extremamente comprometidos. Tão certa como a esposa de Manoá estava do que Deus lhes estava dizendo, Manoá foi deixado na escuridão (ver Juízes 13:2-24.)

Como criar filhos que vivam para Deus quando o pai deles não vive para Deus? Aquela mulher ia ter um filho a quem ela queria separar para o chamado do Senhor, mas o pai era totalmente sem noção da vontade Dele.

Ao invés de agir independentemente ou se esforçar para fazer com que o marido fizesse o que era exigido, ela foi paciente com seu marido até que Manoá finalmente fez uma oração poderosa:

Senhor, eu te imploro que o homem de Deus que enviaste volte para nos instruir sobre o que fazer com o menino que vai nascer.

Juízes 13:8

Como criar filhos que vivam para Deus quando apenas um dos pais é crente? A esposa de Manoá nos dá um bom exemplo. Ela não foi desagradável com seu marido; não saiu do quarto porque ele não compartilhava sua mesma fé. Ela não atormentou seu marido, ou o comparou ao marido da "fulana", que era tão espiritual. Ela simplesmente comunicou o que Deus havia dito a ela e, tão difícil como deve ter sido, esperou que Deus falasse com ele.

O que faz você pensar que Deus não pode falar com seu cônjuge? Não importa se ele tem algodão nos ouvidos. Não importa se ele fica bêbado ou drogado, Deus pode falar com ele.

Deixe-me encorajar você a fazer essa oração:

Senhor, eu sei que ele não é espiritual agora, mas fale com ele. Ele precisa saber como criar nossos filhos, então fale com ele. Senhor, como sacerdote do nosso lar, eu preciso que ele me cubra espiritualmente. Fale com ele no trabalho ou durante o sono. Fale com ele no carro ou no chuveiro. Fale com ele através das circunstâncias e através de outras pessoas. Mas, por favor, fale com ele!

A esposa de Manoá teve uma incrível revelação sobre como Deus queria usar seu filho, mas seu marido estava por fora. Quando ela disse a ele o que o anjo lhe havia dito, ele quis ter a mesma experiência que ela teve. Havia algo naquela mulher que provocava inveja espiritual em seu marido. Ela não provocou raiva, nem seu encontro com Deus provocou frustração nele. Se ela estivesse sempre lamentando e reclamando e mostrasse seu descontentamento, por que Manoá iria querer alguma parte daquilo? Ao contrário, ela mostrou sua fé de tal forma que provocou inveja espiritual em seu marido – ele ansiava pelo que ela possuía.

> Ela mostrou sua fé de tal forma que provocou em seu marido anseio pelo que ela possuía.

A inveja espiritual, inspirada pela vida que sua esposa de discernimento modelava diante dele, acendeu um fogo em Manoá pelo mesmo relacionamento espiritual com Deus que sua esposa tinha. Viva sua vida de modo que seu marido queira o que você tem. Deixe que ele observe como você o tratou gentilmente, nas vezes em que poderia tê-lo envergonhado ou dado um fora. Uma vida santa produzirá as mais profundas impressões.

Em 1 Coríntios 7, Paulo dá um conselho para o cônjuge que é o único crente:

Aos outros eu mesmo digo isto, não o Senhor: se um irmão tem mulher descrente, e ela se dispõe a viver com ele, não se divorcie dela. E, se uma mulher tem marido descrente, e ele se dispõe a viver com ela, não se divorcie dele. Pois o marido descrente é santificado por meio da mulher, e a mulher descrente é santificada por meio do marido. Se assim não fosse, seus filhos seriam impuros, mas agora são santos. Todavia, se o descrente separar-se, que se separe. Em tais casos, o irmão ou a irmã não fica debaixo de servidão; Deus nos chamou para vivermos em paz. Você, mulher, como sabe se salvará seu marido? Ou você, marido, como sabe se salvará sua mulher?

versículos 12-16

Viva sua vida de forma que seu marido irá:

- Sentir o calor do seu doce espírito.
- Enxergar a alegria do Senhor na sua vida.
- Sentir-se amado porque você o respeita e o honra.

Casando-se com a Ilusão

O mundo real do casamento não é sempre um mar de rosas. O problema é que nos casamos com ilusões. Parece que Deus tem senso de humor porque Ele nem sempre nos dá a ilusão que queríamos. Por exemplo, você olhava para aquele homem antes de se casarem e o imaginava indo à igreja com você, segurando a Bíblia nas mãos, e ensinando as crianças a orar à noite – tão maravilhoso, espiritual, e sensível.

No entanto, depois da lua de mel, as únicas vezes que ele vai à igreja com você é quando um bebê é apresentado, quando alguém casa ou morre. Ele é um cristão sazonal – só aparece no Natal e na Páscoa.

Os homens podem se casar com ilusões também. Você se imagina chegando em casa do trabalho e vendo sua linda esposa esperando-o na porta da frente com seus chinelos e seu roupão de seda.

Ela pergunta: "Como foi seu dia, querido?"

Você responde: "Foi uma tortura."

Então ela diz: "Me dá um beijo, seu bobo", e vocês caem um nos braços do outro e começam a rasgar as roupas um do outro.

Bela fantasia; mas isso não é a vida real.

Outra ilusão é a ilusão física. Dizem que o amor é cego, então você não vê nenhum dos defeitos físicos enquanto está namorando. Porém, alguns anos após o casamento, começa a perceber todas as imperfeições físicas dele. A barriga

Você deve estender sua visão para além do romance para a responsabilidade, além do sexo para a sensibilidade.

está pendurada para fora do cinto, ele arrota após as refeições, e ronca na cama. Ou, sua esposa, outrora perfeita e modelo de biquíni, ganhou alguns quilos, ela nem sempre usa maquiagem ou faz o cabelo, e ela ronca terrivelmente também!

Você olha para a pessoa deitada ao seu lado e se pergunta: *Com quem eu me casei?*

Depois que os violinos param de tocar, e as bolhas explodiram na jacuzzi em forma de coração, às vezes você sente uma verdadeira dor na manhã seguinte. Seu casamento nem sempre acabará como a novela *"Dias das Nossas Vidas"*.[3] Esses são os "dias da sua vida", em que você deve estender sua visão para além do romance para a responsabilidade, além do sexo para a sensibilidade. É aqui onde as baixas aparecem na estrada, aqueles que se recrutaram para o casamento sem estarem cientes de para o que estavam se recrutando.

Você não se casou com uma estrela de Hollywood. Casou-se com um homem ou uma mulher real, desde a cabeça até a ponta dos pés. Talvez ele não seja nenhum Príncipe Encantado. Talvez ela não seja nenhuma Bela Adormecida. Talvez ele não seja tão espiritual e tão romântico como você deseja, mas ele é seu! Talvez ela não seja sua mãe na cozinha ou sua fantasia no quarto, mas ela é sua! Se você não quiser encarar a desolação do divórcio, você precisa fazer seu casamento funcionar.

> **Se você não quiser encarar a desolação do divórcio, você precisa fazer seu casamento funcionar.**

Senhoras, não há muitos homens bons por aí – é melhor se concentrar naquele que você tem! Vocês não podem ler *Esquire* (revista americana para homens) e *Cosmopolitan* (revista americana para mulheres) e vencer essa batalha. A Oprah[4] não pode lhe dizer como ter um casamento bem-sucedido porque ela nunca se casou.

---

[3] Seu nome original em inglês é *Days of Our Lives*, uma telenovela exibida nos Estados Unidos desde 1965.

[4] Oprah Winfrey é uma apresentadora de televisão, cujo programa tem a maior audiência da historia da televisão norte americana.

Senhores, provavelmente não há uma longa fila de mulheres simplesmente esperando para agraciar vocês com sua presença. Aprecie aquela que está ao seu lado, torcendo por você.

Senhoras, existem algumas coisas que vocês simplesmente não deveriam fazer em público. Não importa se ele tem sério déficit de atenção, se ele falou uma besteira sem tamanho, não o envergonhe ou o menospreze publicamente. Se ele se enrolar com as palavras, se ele cometer um erro, fique bem ali ao lado dele e sorria como se ele não pudesse fazer nada de errado. Depois, na privacidade do seu lar ou do seu carro, você pode discutir isso se sentir necessidade.

Senhores, sua esposa é um reflexo de você. O semblante dela será um reflexo de como você a trata. Trate-a com desrespeito, desprezo, e vergonha, e é assim que ela parecerá. Trate-a como sua rainha, ela será sua rainha. Você não pode maltratá-la em casa e esperar que ela brilhe em público. Ela não é uma atriz tão boa assim.

DISCERNINDO INTIMIDADE

Alguns pensam que ser cristão significa que temos que ficar ofendidos com qualquer coisa sexual. Muitos homens ímpios não gostam da igreja porque ela torna sua esposa numa "moça de igreja" santarrona. Antes de serem salvas, o casamento e o sexo eram ótimos. Ela vestia lingerie cor de rosa para ir para a cama, e o sexo era maravilhosamente criativo! Mas agora que nasceu de novo, ela veste uma camisola de vovó e dorme com uma Bíblia sobre os seios. Toda vez que ele se aproxima dela, ela diz, com uma voz religiosa e vitral: "Não toque na ungida de Deus".

Essa talvez seja uma ilustração humorística, mas quando for a hora de ser íntima em seu casamento, se você estiver deitada na cama falando em línguas, ele estará pensando: *O que aquela igreja fez com a minha esposa?*

Faça com que ele tenha inveja da sua espiritualidade, e não a odeie. Durante tempo demais, a igreja tem sido um refúgio para mulheres insatisfeitas cujas vidas estão fora de equilíbrio. Deus criou o sexo para o casamento.

Casais casados aprendem como agradar um ao outro; solteiros aprendem como agradar o Senhor. Se você é casado, uma grande parte de agradar ao Senhor está em seu ministério com sua esposa.

A Bíblia diz: *"Não se recusem um ao outro, exceto por mútuo consentimento e durante certo tempo, para se dedicarem à oração. Depois, unam-se de novo, para que satanás não os tente por não terem domínio próprio"* (1 Co 7:5). Isso significa que o relacionamento sexual num casamento deve ser tão frequente que você somente se abstém do sexo por um curto período de jejum e oração. Depois, assim que o jejum terminar, você volta ao funcionamento! Consistência é importante; não dê a satanás uma oportunidade de tentar você com infidelidade.

Sua Missão no Casamento

Quando você e seu cônjuge são espiritualmente incompatíveis, é fácil tornar-se frustrado e alimentar amargura e ressentimento. Se você rolar para os braços dele ao invés de rolar para a parede, ou se você cozinhar o prato favorito dele quando ele menos merecer, então você estará plantando sementes no coração dele que farão com que ele queira o que você tem espiritualmente. A esposa de Manoá decidiu fazer o casamento dela dar certo apesar de ela e seu marido serem espiritualmente incompatíveis.

O que ela desejava era que Deus mostrasse ao marido dela a missão deles – Seu propósito eterno para que aquele casal estivesse junto. Deus queria que eles criassem Sansão como o campeão que libertaria o povo Dele.

Todo casamento tem uma missão. Deus não uniu vocês somente para fazerem sexo, pagarem uma casa, e terem dois carros na garagem. Quando você entra no reino de Deus, você recebe uma missão. Seus filhos têm uma missão divina, e o inimigo quer abortá-la. É por isso que o divórcio é tão desolador; ele não afeta somente o marido e a esposa, mas também destrói a missão de Deus para toda a família.

É difícil voltar para casa para um homem não espiritual. É difícil criar os filhos de acordo com a Palavra de Deus quando seu companheiro não é salvo. A esposa de Manoá nos mostra que quando você vive com um homem que não é espiritual, é possível provocar nele uma sede espiritual.

Por fim, o anjo do Senhor apareceu a Manoá também. Após sua visitação, ele foi até sua esposa e pediu a ela mais instruções. Se seu companheiro não é salvo, não converse com ele o tempo todo sobre coisas espirituais. Às vezes, discernimento significa ficar calado até que Deus lhe dê a oportunidade de falar. Na hora certa, Deus lhe dará uma chance para conversar. Quando a porta se abrir, entre com calma. *A mulher sábia edifica a sua casa, mas com as próprias mãos a insensata derruba a sua* (Pv 14:1).

> Às vezes, discernimento significa ficar calado até que Deus lhe diga para falar.

Salmos 68:6 diz: *"Deus faz que o solitário viva em família; liberta aqueles que estão presos em grilhões"* (ACF). A palavra *solitário* quer dizer "único", em referência a um único diamante, uma joia preciosa. Em outras palavras, creio que Deus paira sobre as famílias, e encontra um único diamante solitário em cada uma. Ele soberanamente escolhe um membro da família para libertar aqueles presos com correntes espirituais.

Você sabe por que Deus salvou você primeiro? Você é a cabeça-de-ponte Dele – o portal de entrada de Deus – através do qual Ele alcançará o restante da sua família.

Manoá e sua esposa criaram Sansão. Eles cumpriram a missão que Deus tinha para a família deles. Sansão cresceu e se tornou um poderoso libertador do povo de Deus.

Há mais de dez anos, minha assistente pessoal, Susan, foi a primeira e única pessoa de sua família a nascer de novo. Por dois anos, ela frequentou a igreja sozinha. Todo domingo após a igreja, ela voltava para casa para seu marido e seu filho de vinte anos de idade, que não compartilhavam da sua fé. Seu marido, Alan, era um homem bom e um bom provedor. Ele só não tinha interesse em coisas espirituais. Domingo era seu dia de beber cerveja e jogar golfe.

Muitas vezes, Susan deixava a atmosfera de louvor e adoração e ia para casa para seu marido e seu filho que eram totalmente não espirituais. Muitas noites, ela chorava em silêncio antes de dormir, imaginando se sua família um dia seria salva e compartilharia de sua fé.

Após dois anos indo à igreja sozinha e vivendo para Deus sozinha em seu lar, o Espírito Santo começou a falar com ela sobre como ganhar seu marido. Ele a desafiou a controlar a língua. Quando ela começou a mostrar respeito, honra, e amor incondicional para Alan, o coração dele aos poucos começou a derreter.

Ela orava Efésios 1:17-18 por ele todos os dias:

Peço que o Deus de nosso Senhor Jesus Cristo, o glorioso Pai, lhes dê espírito de sabedoria e de revelação, no pleno conhecimento Dele. Oro também para que os olhos do coração de vocês sejam iluminados, a fim de que vocês conheçam a esperança para a qual Ele os chamou, as riquezas da gloriosa herança Dele nos santos.

Ela o estava ganhando sem falar nenhuma palavra. Seu espírito gentil e doce estava testemunhando para ele.

Ao observar a mudança em sua esposa, Alan começou a ir à igreja com ela num mês de setembro. Apesar de não se converter imediatamente, todo domingo ele ia à igreja com Susan.

Tracy, seu filho de vinte anos de idade, observava seu pai indo à igreja semana após semana com sua mãe. No início de outubro, Tracy decidiu conferir como era a igreja. Naquele domingo de manha, Tracy desceu ao altar, nasceu de novo, e foi cheio com o Espírito Santo.

Algumas semanas depois, no fim de outubro, eu preguei um sermão ilustrado em que Tracy encenou um dos personagens. Quando fiz o apelo no altar naquela manha, Alan veio desceu ao altar e foi gloriosamente salvo e cheio com o Espírito Santo.

Deus tinha uma missão incrível para essa família. Tracy começou a exibir dons de liderança extraordinários. Alguns anos depois, ele se tornou pastor de crianças em nossa igreja. Hoje, ele ministra para mais de mil crianças por semana. Ele também tem sido instrumental em me ajudar a alcançar dezenas de milhares de adolescentes ao me auxiliar com sermões ilustrativos.

Ao longo dos anos, satanás tentou convencer Susan de que sua família nunca seria salva, mas essa mulher de discernimento continuou orando e amando. Ela era paciente e doce com seu marido. Ela sabia que Deus tinha uma missão para sua família, e ela não iria desistir até que Deus a fizesse acontecer.

Hoje, ela trabalha no ministério integral como minha assistente pessoal. Seu filho, Tracy, também está no ministério integral como pastor de crianças na *Free Chapel*. Seu marido, Alan, é um dos maiores cristãos que eu conheço. E se Susan tivesse desistido?

Qual missão você irá abortar se desistir da sua família? Atos 16:31 diz: *"Creia no Senhor Jesus, e serão salvos, você e os de sua casa."*

Deus colocou você como um diamante solitário na sua família para libertar aqueles presos com correntes. Assim como a esposa de Manoá, você verá a missão de Deus para sua família acontecer.

CAPÍTULO QUINZE

Uma Vida Digna de Ser Lembrada

Ela fez o que pôde... Eu lhes asseguro que onde quer que o
evangelho for anunciado, em todo o mundo, também o que
ela fez será contado em sua memória.
Marcos 14:8-9

Pergunte a si mesmo, Daqui a cem anos, qual será importância de eu ter nascido? As coisas pelas quais eu estou vivendo são dignas da morte de Cristo?

No *Livro Guinness Book de Recordes*, eu li sobre um homem que come vidro, metal, e madeira. Ele já comeu dez bicicletas, um carrinho de su-permercado, e sete televisões. Entretanto, a razão mais surpreendente pela qual ele será lembrado para sempre é que ele comeu um avião monomotor Cessna, após triturá-lo e misturá-lo com sua comida. É assim que esse homem obteve seus "quinze minutos de fama".

Imagine-o diante de Deus um dia. O Senhor lhe pergunta, com uma voz barítona: "O que você fez com a sua vida?"

A única resposta dele: "Eu comi uma aeronave!"

Como você será lembrado? Que tipo de legado você está deixando para sua família?

O Que Você Pode Fazer?

Os Evangelhos contam sobre uma mulher que vivia uma vida digna de ser lembrada. Jesus estava jantando na casa de Simão, o leproso, quando uma mulher se aproximou com um frasco de alabastro de perfume caro. Ela quebrou o frasco e derramou o perfume sobre a cabeça e os pés de Jesus. Em amor, ela secou o perfume dos pés Dele com seu cabelo, chorando ao fazer isso. Jesus, ciente do que estava por vir, aceitou isso como Sua unção para o sepultamento (ver Mateus 26:6-13; Marcos 14:3-9; Lucas 7:36-48).

Outros que estavam presentes, inclusive os discípulos, ficaram incomodados com isso. Alguns questionaram o desperdício do perfume caro que poderia ter sido vendido e o dinheiro dado aos pobres.

Em Lucas, diz que ela *"se colocou atrás de Jesus, a Seus pés. Chorando, começou a molhar-Lhe os pés com as suas lágrimas. Depois os enxugou com seus cabelos, beijou-os e os ungiu com o perfume"* (Lc 7:38). Nesse único versículo há uma lista de cinco coisas que ela fez por Jesus, e todas dizem respeito aos Seus pés.

- Ela se colocou aos pés de Jesus.
- Ela lavou os pés de Jesus.
- Ela secou os pés Dele com o cabelo dela.
- Ela beijou os pés Dele.
- Ela ungiu os pés Dele.

Jesus ficou tão comovido com a adoração apaixonada daquela mulher que Ele a imortalizou para sempre. *"Eu lhes asseguro que onde quer que o evangelho for anunciado, em todo o mundo, também o que ela fez será contado em sua memória"* (Mc 14:9-10).

> **Deus nunca irá pedir para você fazer o que você não pode fazer.**

A vida dela se tornou memorável não pelas coisas que ela não podia fazer, mas pelo fato de que *"ela fez o que pôde"* (Mc 14:8). Deus nunca irá pedir para você fazer o que você não pode fazer. Se Ele lhe pedir algo, simplesmente significa que Ele já colocou em você a capacidade de fazer o que Ele está pedindo. Não insulte a Deus dizendo a Ele que você não pode fazê-lo.

Essa mulher fez não apenas o que podia, mas também o fez diante das críticas. O anfitrião de Jesus naquela noite, um fariseu, disse: *"Se este homem fosse profeta, saberia quem Nele está tocando e que tipo de mulher ela é: uma 'pecadora"* (Lc 7:39).

Imagine sua vergonha e seu constrangimento já que, enquanto ela lavava os pés de Jesus, os outros na sala a chamavam de pecadora. Isso não era novidade para ela. Ela sabia disso. Não é incrível como quantas pessoas irão criticar você quando você começar a fazer algo por Jesus? Seus críticos a atacaram. Eles acusaram: "O que você está fazendo é um desperdício". Mesmo assim, ela fez o que podia.

Força na Fraqueza

Na década de 1950, Paul Anderson era o homem mais forte do mundo. Ele conseguia carregar 2,8 toneladas nas costas.

Certa vez, perguntaram a ele: "Alguma vez você já foi um fracote de 40 quilos?"

Ele respondeu: "Sim, quando eu tinha quatro anos de idade".

Certo dia na igreja, Paul foi tocado para dar sua vida a Cristo enquanto ouvia um homem tetraplégico dar seu testemunho. O que você acha disso? O homem mais forte do mundo foi ganhado para Cristo por um considerado entre os mais fracos. Deus usou o homem mais fraco que pôde encontrar que estava disposto a fazer o que podia fazer.

Para que Deus use você, você terá que passar pelo teste do louvor e pelo teste da crítica. Como passar nesses testes? Você aprende a dar a Deus o louvor e a crítica que recebeu. Jesus imortalizou aquela mulher devido à sua adoração extravagante. Ele foi tocado quando ela quebrou o frasco de alabastro de perfume caro para ungir Sua cabeça e Seus pés.

"Mas temos esse tesouro em vasos de barro" (2 Co 4:7). Você e eu somos os vasos de barro, e o tesouro do lado de dentro é nossa adoração a Deus. Se as pessoas irão saber do seu amor por Ele, deve haver quebrantamento. Assim como o frasco de alabastro foi quebrado, nós também temos que ser quebrados a fim de oferecer louvor a Ele. Muitas pessoas nunca viverão

uma vida digna de ser lembrada porque não estão dispostas a serem quebradas – elas querem aparecer. Você não tem que ser um grande empreendedor nem ter um alto QI. Você não tem que ser incrivelmente talentoso. Tudo que você tem que fazer para ser usado por Deus é ser quebrantado o bastante para derramar seu amor em Jesus. Se, ao fazer isso, você conseguir ganhar uma alma, então você terá vivido uma vida digna de ser lembrada por toda a eternidade aos olhos de Deus.

Eu quero honrar alguns homens e mulheres que estão vivendo vidas dignas de serem lembradas.

1. *Eu honro pais e mães que permanecem ao lado dos seus filhos nos tempos bons e ruins.*

Em João 19:25, a mãe mais famosa do mundo estava diante dos pés da cruz, enquanto seu Filho precioso estava sendo crucificado.

Em meio à morte, Jesus delicadamente instruiu João, a quem ele amava, a cuidar de Sua mãe. Maria estava presente quando Ele nasceu, e estava presente quando Ele morreu. Ela estava lá para consolar seu Filho em Sua hora mais obscura. Os homens tentam agir com maturidade, mas se entrarem em apuros de verdade, querem o conforto de sua mãe. Jesus não era diferente. Em Seu momento de tribulação, Ele queria Sua mãe por perto. Deve ter sido muito difícil para Maria ver seu Filho precedê-la na morte.

Muitas vezes, as pessoas são quem são porque tiveram pais ou avós que oravam por suas vidas. Alguns de vocês que estão lendo este livro têm pais que escolheram ter você ao invés de buscar grande sucesso pessoal. Eles poderiam ter feito faculdade, mas pagaram a sua. Poderiam estar aposentados agora ou poderiam estar tendo um estilo de vida melhor, mas fizeram alguns sacrifícios tremendos para ajudá-lo a fazer coisas que nunca fizeram ou ir a lugares onde nunca estiveram. Os filhos nem sempre apreciam os enormes sacrifícios que os pais têm feito para garantir-lhes uma vida melhor para eles. Eu quero elogiar toda mãe e todo pai que tem ficado ao lado de seus filhos nos momentos bons e ruins.

Eu quero lhe dar o aviso de não amar seus filhos acima de tudo. Às vezes podemos amar tanto nossos filhos a ponto de estar praticamente nos limites da idolatria. Você tem que discernir quando está amando seus filhos acima de tudo ao invés de amá-los em todas as ocasiões. Quando você permite que eles falem com você com desrespeito sem discipliná-los, você os ama acima de tudo, ao invés de amá-los em todas as ocasiões. Algumas pessoas não preparam seus filhos para as duras realidades do mundo real. Quando não mostramos aos nossos filhos um amor rigoroso nas vezes em que a disciplina é necessária, podemos na verdade estar plantando sementes de rebelião neles que irão fazer com que eles pensem que regras não se aplicam a eles.

Você pode ir longe demais em se sacrificar pelos seus filhos. Quando você os ama a ponto de não querer que ninguém mais passe tempo com eles, você está indo longe demais com o seu amor. Quando você acha que ninguém é bom o bastante para se casar com eles ou namorar com eles porque você é muito exigente, sua obsessão com seus filhos está ferindo-os, não os ajudando.

Ame seus filhos, apoie seus filhos, e fique ao lado deles, assim como Maria fez no dia mais difícil da vida do filho dela quando Ele foi para a cruz. Nunca desista dos seus filhos. Ame-os por toda a vida, mas deixe-os viver a vida deles.

2. Eu honro mães, pai, e filhos em famílias não tradicionais.

Eu também quero saudar a mãe que fez o que era melhor para seu filho, mesmo que isso significasse dá-lo para a adoção. Nem todo mundo terá concordado com a sua decisão, mas pelo menos você teve a coragem de dar luz à criança em vez de abortá-la. Foi preciso coragem para dar a criança a uma família amável e estável.

A mãe de Moisés o escondeu por três meses devido ao decreto de Faraó de matar todos os meninos de até 2 anos de idade. Tenho certeza de que foi uma difícil decisão enviar seu bebê chorando através do Rio Nilo numa cesta. Ela foi forçada a desistir de seu bebê. A adoção é um assunto muito delicado. Milhões de mulheres têm tido que desistir de seus filhos à força ou por escolha, tentando fazer o que é melhor para eles.

Já que a gravidez na adolescência continua a aumentar, alguns colégios hoje são designados somente para meninas que estão grávidas. Na época em que eu estava crescendo, se uma menina ficasse grávida, sua carreira acadêmica estava praticamente acabada. Ela era forçada a deixar a escola.

Hoje, a família está sendo redefinida. Milhões de crianças estão vivendo em lares que não se encaixam no estereótipo do que a família tradicional deve ser.

Só porque você é um pai solteiro ou uma mãe solteira não significa que sua família não pode funcionar bem aos olhos de Deus. Por outro lado, só porque você tem um ambiente de lar perfeito com uma família que tem um pai e uma mãe, não significa que você tem uma vida maravilhosa em família.

O ambiente familiar ideal tem dois responsáveis: pai e mãe criando seus filhos juntos. Lembro-me de ler na Bíblia sobre uma família tradicional que tinha dois responsáveis. A mãe era dona de casa, o pai era um fazendeiro, trabalhando com o suor em seu rosto, e eles tinham dois filhos. Eles tinham tudo que seus corações desejavam; a eles não lhes faltou nada. Entretanto, eles acabaram sem teto. E numa disputa doméstica violenta, um dos filhos matou seu irmão.

> **Não permita que a dor ou a vergonha familiar mantenha você refém do passado.**

Os pais era Adão e Eva, e seus filhos eram Caim e Abel. De acordo com os padrões do mundo, eles eram a família perfeita, vivendo no ambiente perfeito. Porém, eles ainda assim se tornaram uma família muito disfuncional.

Não permita que a dor ou a vergonha familiar mantenha você refém do passado. A mãe de Moisés teve que dar seu bebê, não porque ela não o amava, mas para salvar a vida dele! Talvez você tenha sido criado por um pai ou por uma mãe, por uma avó, ou por algum outro parente. Talvez você tenha sido entregue para a adoção. Como resultado, sentimentos de rejeição talvez inundem suas emoções. Por que o meu pai ou a minha mãe desistiria de mim? Talvez, como a mãe de Moisés, a sua fez o que tinha que fazer para salvar a sua vida.

A mãe de Moisés fez o que era melhor para seu filho. Ela sabia que, sob as presentes condições, ela não podia lhe dar o que ele necessitava. A filha de Faraó eventualmente adotou Moisés. Ele viveu na casa de outra pessoa, não com sua mãe verdadeira. No entanto, ele teve uma vida melhor do que a que teria se sua mãe natural o tivesse criado. Graças a Deus por pessoas que levam crianças para seus lares e investem em suas vidas as amando e tratando como um de seus filhos. Vocês estão vivendo uma vida digna de ser lembrada.

3. *Eu honro todo pai ou mãe solteiros que têm criado sozinhos seus filhos.*

Em 1 Reis 17, lemos a história de uma viúva e seu filho que viviam em meio a uma onda de fome. Esse lar de uma mãe solteira estava com um orçamento muito apertado. Sobrou para a mãe e o filho apenas sua última refeição.

Talvez você tenha tido de fazer grandes sacrifícios trabalhando em dois empregos ou mais, só para pagar as despesas enquanto criava seus filhos por conta própria. Você tentou fazer o que era certo na frente de seus filhos, fazendo isso sozinho. O congresso nacional parece não conseguir equilibrar o orçamento na capital do país. Talvez eles precisem de algumas aulas com os incríveis pais solteiros que vivem com um orçamento muito apertado com filhos para alimentar e vestir.

Eu honro vocês. Vocês estão vivendo uma vida digna de ser lembrada.

Em 1 Reis 17, a pobre viúva abriu sua casa para o profeta Elias. Quando ele lhe pediu para repartir a comida de sua pequena porção, ela explicou suas circunstâncias desesperadoras. Elias então demonstrou os recursos abundantes de Deus para pais e mães solteiros que demonstram fé:

Elias, porém, lhe disse: "Não tenha medo. Vá para casa e faça o que disse. Mas primeiro faça um pequeno bolo com o que você tem e traga para mim, e depois faça algo para você e para o seu filho. Pois assim diz o Senhor, o Deus de Israel: 'A farinha na vasilha não se acabará e o azeite na botija não se secará até o dia em que o Senhor fizer chover sobre a terra"'. Ela foi e fez conforme Elias lhe dissera. E aconteceu que a comida durou muito tempo, para Elias e para a mulher e sua família.

1 Reis 17:13-15

Eu quero honrar as mães que foram empurradas para fora do caminho. É difícil de engolir, mas acontece todos os dias. Quando um homem se divorcia de sua esposa e deixa seus filhos do primeiro casamento, isso não faz com que eles simplesmente desapareçam. Só porque um homem tem uma nova esposa e uma nova família não significa que a família anterior não existe.

Muitas de vocês talvez estejam numa situação parecida. Alguém virou a página e foi começar uma vida nova. Ele não pode fazer o bastante para a nova família, mas se esqueceu totalmente de você e seus filhos. Nós estamos vivendo numa sociedade em que se tornou normal as pessoas se divorciarem e depois continuarem a viver como se nada tivesse acontecido. Os homens podem engravidar uma mulher e depois simplesmente virar a página e ir em frente para se tornarem bem-sucedidos.

Deus, no entanto, está sempre pronto para proteger você. Se você não se tornar amargo, Ele abençoará você e sua família. Eu tenho uma palavra do Senhor para você: mesmo que o pai da criança nunca abençoe você, Deus a abençoa! Levante a cabeça. Não permita que ninguém faça você se sentir envergonhada. Se você não se tornar amarga, Deus será *"Pai para os órfãos e defensor das viúvas"* (Sl 68:5-6).

4. *Eu honro os avós que criam os filhos de seus filhos.*

Eu quero honrar aqueles de vocês que talvez não tenham dado a luz às crianças que estão criando, mas estão com o filho de outra pessoa, talvez do seu filho ou sua filha.

É estimado que mais seis milhões de avós estão criando seus netos como seus próprios filhos. Às vezes, devido aos vícios ou aos estilos de vida imorais de seus filhos, os avós com grandes corações abrem seus lares e adotam seus netos. Eles estão vivendo uma vida de sacrifício ao investir na vida de seus netos como se fossem seus filhos.

Assim como a mulher que Jesus imortalizou na Bíblia, a sua vida também é digna de ser lembrada.

DISCERNINDO A PRESENÇA DO ESPÍRITO DE JESUS

Em Lucas 2, Maria, José, e seu Filho de doze anos de idade, Jesus, haviam estado em Jerusalém para a Festa de Páscoa. A atividade religiosa havia preenchido seus dias. Estufados de tudo que havia acontecido no templo, eles iniciaram sua longa jornada para casa.

Depois de viajarem o dia todo na jornada de volta para casa, eles perceberam que Jesus não estava com eles. Maria e José o procuraram desesperadamente dentre todos os parentes que estavam com eles, mas Jesus não foi encontrado.

Aqui está a lição da história de Jesus perdido. Imediatamente após ter tido tamanha festividade espiritual, Maria e José perderam a presença de Jesus. Mesmo ao viajarem numa caravana com todos seus amigos e parentes religiosos, que haviam se juntado a eles em seu exercício religioso, eles ainda perderam a presença pessoal de Jesus!

Se existe uma coisa que eu quero que você carregue com você após ler este livro, mesmo que esqueça todo o resto, é o seguinte: você tem que ter muito discernimento para não perder a presença pessoal do Espírito de Jesus! Você não pode deixá-Lo para trás.

Quando você não estiver no templo, pergunte a si mesmo, *Eu tenho Sua presença pessoal? Eu estou tendo comunhão com Ele e O levando para minha casa?*

Maria e José tinham Jesus com eles no templo. Eles O perderam no caminho para casa. Jesus não quer estar com você somente na igreja. Ele quer que você O leve para casa e para sua vida diária.

Não comece a ir para casa e perca a presença pessoal de Jesus. A pessoa menos provável de perder Jesus era Maria, Sua mãe. Eu me pergunto se alguém O amava e O entendia tanto quando Maria. Ela estava em

Seu grupo íntimo de pessoas, mas O perdeu. Como ela estava próxima de Jesus! Suas vidas eram interligadas. Apesar de você talvez estar muito próximo de Jesus, você tem que ter cuidado para não perdê-Lo.

Maria não apenas perdeu Jesus, ela nem mesmo reconheceu isso. A Bíblia diz: *"Pensando que Ele estava entre os companheiros de viagem"* (Lc 2:44). Ela pensava que Ele estava lá. Não é esse o perigo com todos nós? Nós não damos a devida importância a tantas coisas. Não fazemos isso em nossos negócios. Prestamos atenção em tudo, examinando os livros e os balanços. Porém, quando tem a ver com o nosso relacionamento com Cristo, ficamos confortáveis com meramente achar que Ele está ao nosso lado.

Observe novamente que Maria e José estavam entre pessoas religiosas quando perderam Cristo. Maria não só era a pessoa mais improvável para perdê-Lo, não só O perdeu sem saber, mas ela também O perdeu no lugar mais improvável. Onde? Não em um teatro, em um cassino, ou em um clube; ela O perdeu no templo entre coisas santas, em um ambiente santo.

Maria e José viveram três dias sem Ele. Quando eles finalmente acharam Jesus, acharam-No onde O haviam perdido, no templo. Primeiramente, eles O culparam, mas Jesus lhes lembrou de que Ele estava na casa de Seu Pai – o templo – onde eles O haviam deixado.

Onde o filho pródigo achou seu pai? Exatamente onde ele o havia deixado!

Você encontrará Jesus onde O perdeu. Se você simplesmente voltar lá, Ele está pronto para perdoar. *"Eu curarei a infidelidade deles e os amarei de todo o Meu coração"* (Os 14:4).

Seu Legado Espiritual

Como você será lembrado? Que tipo de legado você está construindo?

Eu oro para que, ao ter lido este livro, uma nova sensibilidade para as coisas espirituais tenha sido ativada em você. Para que seu discernimento tenha sido despertado. Para que você seja um homem ou uma mulher de propósito. Para que você seja equipado com um dom especial de Deus para encorajar e erguer a todos com quem se relaciona. Para que você discirna o assobio da tentação, e para que você reconheça a calma e gentil voz do Senhor. Impulsos especiais do Espírito Santo irão gentilmente empurrar você na direção de encontros com as pessoas certas nos lugares certos nas horas certas, cumprindo os planos certos para a sua vida. Eu oro para que seu legado espiritual seja digno de ser lembrado de geração a geração.

Jesus não quer estar com você somente na igreja. Ele quer que você O leve para casa e para sua vida diária.

Sobre o Autor

Jentezen Franklin é pastor da *Free Chapel*, em Gainesville, na Geórgia, uma congregação a qual 10 mil pessoas comparecem a cada semana. Nomeada como uma das trinta maiores igrejas nos Estados Unidos pela *Outreach Magazine*, a *Free Chapel* recentemente cresceu para um novo local em Orange County, na Califórnia, onde o Pastor Franklin também prega semanalmente.

Através dessa experiência como pastor, professor, músico, e autor, o Pastor Franklin busca ajudar as pessoas a encontrarem Deus através de adoração inspirada e aplicação relevante da Palavra de Deus em suas vidas diárias. Seu programa nacional de televisão, *Kingdom Connection*, é assistido semanalmente em horário nobre através de várias redes nacionais e internacionais.

O Pastor Franklin é um pregador consagrado em muitas conferências pelos Estados Unidos e por todo o mundo. Ele também já escreveu vários livros, inclusive os *best-sellers Jejum: Abrindo a Porta para as Promessas de Deus*; *Jejum: A Disciplina Particular que Gera Recompensas Públicas*; e *Acredite, Você Pode*, que ganhou o prêmio ARETE 2012, todos publicados no Brasil pela Editora Luz às Nações.

O Pastor Franklin e sua esposa, Cherise, moram em Gainesville, na Geórgia, com seus cinco filhos maravilhosos.

www.ingramcontent.com/pod-product-compliance
Lightning Source LLC
Chambersburg PA
CBHW031843090426
42741CB00005B/336